Planungsprozesse in der Stadt: die synchrone Diskursanalyse

Dieses Buch resultiert aus dem Projekt „Historische Industriearchitektur und divergierende Ziele von Stadtentwicklung, Kreativwirtschaft und Architekturproduktion: Nutzung des Instrumentes der Diskursanalyse für den Denkmalschutz", das von 2011 bis 2014 von der Deutschen Forschungsgemeinschaft finanziert wurde (MI 788/4-1 &-2). Die Forschung erfolgte am Georg-Simmel-Zentrum für Metropolenforschung der Humboldt-Universität zu Berlin. Wir danken Herrn Prof. Dr. Johannes Cramer, TU Berlin, für seine fortwährende fachliche und kollegiale Unterstützung.

Planungsprozesse in der Stadt: die synchrone Diskursanalyse

Forschungsinstrument und Werkzeug für die planerische Praxis

Harald A. Mieg und Heike Oevermann

Georg-Simmel-Zentrum für Metropolenforschung
der Humboldt-Universität zu Berlin (Hrsg.)

Impressum

Bibliografische Information der Deutschen Nationalbibliothek
Die Deutsche Nationalbibliothek verzeichnet diese Publikation in der Deutschen Nationalbibliografie; detaillierte bibliografische Daten sind im Internet über http://dnb.d-nb.de abrufbar.

ISBN 978-3-7281-3638-1

www.vdf.ethz.ch

INHALTSVERZEICHNIS

KAPITEL 1: EINFÜHRUNG UND FORSCHUNGSBEISPIEL

Einführung

Planungsprozesse in der Stadt sind gekennzeichnet durch Konflikte, aber auch durch Vermittlung der unterschiedlichen Anliegen und einer Entwicklung alternativer Gestaltungsoptionen. Konflikte über Großprojekte wie Stuttgart 21, Streit über Erhaltung und Entwicklung unseres baulichen Erbes oder auch die vielfachen Bürgerinitiativen, wie „Recht auf Stadt", zeigen das Aufeinandertreffen unterschiedlicher Akteure und Diskurse in Planungsprozessen. Es verändern sich die Möglichkeiten, Partizipationsanliegen umzusetzen, gleichzeitig sind Entscheidungsfindungsprozesse komplex geworden und das Konfliktpotenzial wächst. In diesem Kontext wird es zunehmend wichtiger, die Konflikte in den Planungsprozessen der Stadt zu analysieren und Vermittlungspotenziale zu verstehen. Hier setzt das Buch an:

Die synchrone Diskursanalyse ist ein Forschungsinstrument, um die Konflikte und Vermittlungen in Planungs- und Transformationsprozessen der Stadt systematisch zu erfassen.

Das Buch richtet sich insbesondere an Studierende und Forschende, die gesellschaftliche Fragestellungen im Bereich städtischer Planungsprozesse untersuchen wollen. Die synchrone Diskursanalyse kann sinnvollerweise in den Bereichen der Stadt- und Raumplanung; der Architektur, Bauwesen, Verkehr und Städtebau; den Umweltwissenschaften; der Stadtentwicklung, Stadtgestaltung und Beteiligung sowie dem Denkmalschutz und Kulturerbeschutz angewendet werden. In den zugehörigen Disziplinen wird der Bedarf an wissenschaftlichen Analysen wahrgenommen, auch steigt die Zahl der Forschenden. Insbesondere für die Architektur gilt es zunehmend, dass sie sich nicht nur als gestaltende Disziplin, sondern auch als wissenschaftliche Disziplin in der Wissenschaftslandschaft verorten muss. Derzeit stehen aber kaum Anleitungen zum wissenschaftlichen Arbeiten und der Nutzung von Forschungsinstrumenten bereit, die sich an diese Gruppe von Studierenden und Forscherinnen und Forschern richtet. Hier soll das vorliegende Buch einen Beitrag leisten. Die Studierenden und Forscherinnen und Forscher werden angeleitet, mithilfe der synchronen Diskursanalyse wissenschaftliche Studien Schritt für Schritt durchführen zu können.

Darüber hinaus richtet sich das Buch an Akteure der planerischen Praxis. Für diese ist es oft hilfreich, die Planungs- und Transformationsprozesse der Stadt, gerade im Hinblick auf Konflikte, besser zu verstehen. Dieses analytische Verständnis kann dazu beitragen, die eigene Positionierung und die anderer Akteure einordnen zu können, um auf dieser Grundlage eine sachliche Auseinandersetzung führen zu können. Zugleich werden Anregungen gegeben, Werkzeuge für die planerische Praxis zu nutzen, die aus der Analyse abgeleitet werden können. Für Theorie und Praxis gleichermaßen gilt, das Aufeinandertreffen unterschiedlicher Akteure und Diskurse mit ihren variierenden Zielen, Konzepten und Werten als Normalfall der Planung anzusehen.

In den folgenden Abschnitten wird zunächst die Struktur des Buches vorgestellt. Folgend werden zentrale Begriffe wie Planungsprozesse, Diskurs und Diskursforschung erklärt. Zudem wird die synchrone Diskursanalyse eingeführt und deutlich gemacht, dass sie in erster Linie eine Analysemethode und nicht eine Methode der Konfliktmoderation o. Ä. ist. Dieses erste Kapitel des Buches abschließend wird das Fallbeispiel Industriekomplex Zeche Zollverein eingeführt. Das Beispiel veranschaulicht die Anleitung, indem es die Arbeitsschritte der synchronen Diskursanalyse am Fall angewendet darstellt.

Kasten 1: Wissenschaftliches Arbeiten

Warum wissenschaftlich arbeiten? Wissenschaftlich arbeiten bedeutet *reflektiert methodisch* vorgehen. Das heisst, wir überlegen, welche bestehenden oder neu zu entwickelnden Methoden wir in unserem Fall anwenden sollten. Wissenschaftlich methodisches Vorgehen erhöht die Erfolgsaussichten. Hinzu kommt, dass wir im Berufsalltag immer mehr mit *Produkten von Forschung* zu tun haben: Daten aus Verkehrserhebungen, demografische Statistik, Ergebnisse von Marktforschungsstudien etc. Erst wenn wir selber mit wissenschaftlichem Arbeiten vertraut sind, können wir diese Produkte von Forschung bewerten und richtig nutzen. Drei Prinzipien wissenschaftlichen Arbeitens möchten wir hervorheben:

1. **Anschluss an bestehende Forschung**: Wissenschaft ist keine Angelegenheit von Einzelkämpfern, Wissenschaft ist ein gesellschaftliches Projekt, das seit über 2000 Jahren betrieben wird. Von daher gibt es für fast jede Frage bereits einen *Forschungsstand*, den wir berücksichtigen können und sollten.
2. **Transparenz**: Wissenschaft strebt nach Erkenntnis unserer Welt. Ob Untersuchungsbefunde neue Erkenntnisse darstellen, lässt sich nicht so einfach beurteilen. Deshalb ist Transparenz das oberste Gebot in der Wissenschaft: wir sollten unsere Forschung so darstellen, dass andere genau nachvollziehen können, wie wir zu unseren Befunden gelangt sind. Nur so kann unsere wissenschaftliche Arbeit Teil von wissenschaftlichem Fortschritt werden.

3. **Exploration vs. Prüfung**: Exploration dient der Erkundung eines Falls oder Zusammenhangs. Auch hierfür gibt es Methoden. Andererseits steht es – auch aus wissenschaftlicher Sicht – jedem frei, einen eigenen Zugang zu einem Problem zu wählen. Durch Exploration kommen Vielfalt und neue Sichtweisen in die Wissenschaften. Exploration sollten wir strikt von der Prüfung von Hypothesen oder der wissenschaftlichen Untersuchung im engeren Sinne trennen. Diese hat immer methodisch zu erfolgen und einer wohl begründeten Auswahl von Untersuchungseinheiten zu folgen. Wenn wir Explorationsergebnisse als wissenschaftliche Befunde ausgeben, laufen wir Gefahr, Zufallsfunde zu nutzen, ohne eine Erkenntnis gewonnen zu haben.

Struktur des Buches

Im Mittelpunkt des Buches steht die Anleitung zur synchronen Diskursanalyse. Diese erstreckt sich auf die Kapitel 2 bis 4 (vgl. Kasten 2). Kapitel 2 besteht aus Kurzanleitung zur synchronen Diskursanalyse, die die sieben Schritte der Analyse im Überblick zeigt. Als Zusatzinformationen wird die Erstellung eines wissenschaftlichen Exposés vorgestellt. Im Kapitel 3 werden die Verfahrensschritte der synchronen Diskursanalyse im Detail dargestellt und am Fallbeispiel angewendet. Dabei wird Schritt für Schritt aufgezeigt, wie Forschungsfragen bearbeitet und Forschungsvorhaben praktisch durchgeführt werden können. Das Fallbeispiel ist das UNESCO-Weltkulturerbe Industriekomplex Zeche Zollverein in Essen. Im Kapitel 3 erfolgen Zusatzinformationen zur Theorie (Foucault, soziale Systeme) und zum Aufbau eines wissenschaftlichen Artikels bzw. professionellen Berichts. Kapitel 4 stellt wissenschaftliche Teilmethoden der synchronen Diskursanalyse vor. Das abschließende Kapitel 5 führt Werkzeuge für die planerische Praxis ein, welche rund mit der synchronen Diskursanalyse verbunden werden können.

Kasten 2: Methoden und Zusatzinformation in den Kapiteln

Kapitel 2: Kurzanleitung zur synchronen Diskursanalyse
mit Zusatzinformation zum Exposé
Kapitel 3: Die Verfahrensschritte im Detail und am Fallbeispiel dargestellt
mit Zusatzinformation zu:
- Theorie (Foucault, soziale Systeme)
- Aufbau eines wissenschaftlichen Artikels bzw. professionellen Berichts

Kapitel 4: Teilmethoden: Experteninterviews, Dokumentenanalyse, Plananalyse, Fokusgruppen
Kapitel 5: Werkzeuge für die planerische Praxis: akteurszentrierte Diskursanalyse, dreistufiges Experten-Delphi, legitimierter Changemanagementprozess

Planungsprozesse der Stadt

Die synchrone Analyse ermöglicht die Untersuchung der im Planungsprozess genutzten Diskurse entlang der beteiligten Akteure bzw. Akteursgruppen (Planer, Behörden, Initiativen, Nutzer ...). Bevor der Begriff des Diskurses näher erläutert wird, soll zunächst verständlich werden, was mit *Planungsprozessen* gemeint ist. Planungsprozesse sind zunächst einmal Prozesse der Planung. Diese werden heute nicht mehr hinter abgeschlossenen Türen von einem Planungsteam bewältigt, sondern sind *Prozesse der Auseinandersetzung verschiedener Akteure über Ziele und Konzepte von Planung und den zugrunde liegenden Annahmen und Werte der Planung*. Häufig entstehen dann Debatten und Konflikte über die Ziele und Konzepte und eben auch über die Annahmen und Bewertung des Ortes, neuer Funktionen und möglichen Veränderungen, alternativen Gestaltungsoptionen usw. Für Planungsprozesse gilt: Wir leben heute in einer offenen und strukturdifferenzierten Gesellschaft, d. h. in einer Gesellschaft, die aus unterschiedlichen Akteursgruppen, wie Politiker, Architekten oder Unternehmen, besteht und in der diese Gruppen sich in einem dynamischen Verhältnis zueinander befinden. Unter anderem die Soziologen Parsons (1951) und Luhmann (1987) haben Ansätze zu dieser Strukturdifferenzierung und Kommunikation in modernen Gesellschaften formuliert. Wenn wir die heutigen Formen von Planungsbeteiligungen betrachten, z. B. bei Entscheidungsprozessen in der Stadtentwicklung, Planungsprozesse großer Bauvorhaben *(large-scale developments)* oder Evaluations- und Monitoringprozesse, z. B. im Umgang mit dem baukulturellen Erbe, wird deutlich, dass diese unterschiedlichen Akteursgruppen der Gesellschaft in Planungsprozessen aufeinandertreffen. Dieses Aufeinandertreffen der Akteure, ihrer Diskurse und unterschiedlicher Wertesysteme erzeugt die Konfliktpotenziale.

Diskurs

Wir verstehen *Diskurse* nicht im strukturellen Sinne, wie es die Anlehnung an Parsons oder Luhmann denken lassen könnte. Diskurse sind wie Erzählungen (Holstein & Gubrium, 2000), die jedoch nicht zufällig oder fiktiv sind; sie basieren auf grundlegenden Anliegen in unserer Gesellschaft. Diskurse verbinden „epistemische" Elemente, wie Konzepte oder Fallbeispiele (z. B. *Best Practices* in der Stadtentwicklung) mit normativen Elementen, wie Prinzipien oder Werte (z. B. Wirtschaftlichkeit). Diese Verbindungen bestehen kontinuierlich und sind robust. Hier kommen die „Dispositive" ins Spiel (nach Foucault 1977, 1978): sie sind die Bedingungen oder auch Infrastruktur (z. B. Gesetze), durch die Diskurse handlungsanleitend werden. Dispositive organisieren und stabilisieren gesellschaftliche

Überlegungen und Entscheidungsfindungen. Es ist offensichtlich, dass im Kontext von Planung auch Objekte, Gebäude und Orte Bestandteile der Diskurse sind. Diskurse können in der planerischen Praxis auch als Perspektiven bezeichnet werden, z. B. die Perspektive der Investoren oder die Perspektive des Denkmalschutzes.

Diskursanalyse

Mit der synchronen Diskursanalyse haben wir eine sozialwissenschaftliche Methode, die Diskursanalyse, in die Planungs- und Gestaltungswissenschaften übertragen und angepasst. Diskursanalysen werden in zahlreichen Varianten überwiegend in Disziplinen wie der Soziologie, Politikwissenschaften oder Geografie genutzt. Einen guten Überblick leisten z. B. Keller (2007) oder Glasze und Mattissek (2009). Häufig ist dabei der Rückgriff auf Michel Foucault, der historische Diskurslinien in ihrem Zusammenwirken von Macht, Wissen und gesellschaftlichen Praxen dargestellt hat. Im Unterschied zu Foucault können mit der synchronen Diskursanalyse gleichzeitig (synchron) wirkende Diskurse untersucht werden. Diese gleichzeitig wirkenden Diskurse nennt man eine Diskurskonstellation. Die Unterschiede (Differenzen) zwischen Diskursen innerhalb einer Diskurskonstellation und ihre Folgen – nämlich Konflikte – sind typisch für Planungsprozesse der Stadt, so z. B. zwischen Stadtentwicklung, Denkmalschutz und zeitgenössischer Architekturproduktion bei der Umnutzung historischer Industrieareale (Oevermann & Mieg, 2012, 2015b; vgl. auch van Assche & Duineveld, 2013). Die synchrone Diskursanalyse ist eine Analysemethode. Das heißt, sie zeigt einen Weg, um Planungsprozesse und ihre Konflikte und Vermittlungen zu analysieren. Sie ist keine Methode der Konfliktmoderation oder der Konfliktlösung, auch wenn sich aus der Analyse wichtige Hilfen (Werkzeuge) für die planerische Praxis ableiten lassen.

Die synchrone Diskursanalyse

In allen Bereichen der Planung, des Bauwesens, der Architektur etc. sind Diskurse regulativ wirksam. Gerade bei komplexen Aufgaben der Stadtplanung, wie z. B. Entscheidungen über Flughafenbauten oder bei der Transformation altindustrieller Areale, wirken unterschiedliche Akteursgruppen mit. Sie sind die Träger der Diskurse und nutzen Diskurse, um Entscheidungen voranzutreiben und Entwicklungen zu konkretisieren. Diskurse stellen den Experten und Laien eine Menge an Zielen, Konzepten, Grundannahmen und Werten für die Bearbeitung der Planungsprozesse zur Verfügung. Auf Tagungen und Diskussionen, in Dokumenten und Plänen etc. werden Diskurse auf konkrete Orte und Planungsaufgaben angewendet. So wurde bei der Transformation des Industriekomplexes Zeche Zollverein beispielsweise der Diskurs über die kreative Stadt aufgegriffen („creative city" nach Landry, 2000, und „creative class" nach Florida, 2005). „Essens Kreative Klasse" (Entwicklungsgesellschaft Zollverein, 2008) wurde definiert und entsprechende Veranstaltungsformate für die Umnutzung und Vitalisierung der Zeche Zollverein wurden entwickelt.

Mit dem Instrument der synchronen Diskursanalyse können Diskurse, die gleichzeitig in den Planungs- und Gestaltungsprozessen von Stadt regulativ wirken, erfasst und untersucht werden. Damit werden Planungsprozesse als gesellschaftliche Prozesse – nicht etwa als rein technische oder administrative Prozesse – verstanden, die eine Komplexität durch die differenten Diskurse aufweisen. Diskurse sind durch Kommunikationsformen und professionelle Handlungspraxen wie durch spezifische Sinn- und Bewertungszusammenhänge verbunden. Innerhalb der Akteure eines Diskurses wird Wissen geteilt, aber auch das spezifische Wertesystem. Die Werte stellen den Sinnzusammenhang innerhalb eines Diskurses her und grenzen diesen zu anderen ab. Werte, z. B. Wirtschaftlichkeit oder Authentizität, sind immer Letztbegründungen in einer Argumentationskette. Aufgrund ihrer Funktion im Diskurs sind sie kaum verhandelbar. Die Differenz der Werte begründet vielfach Konflikte in der planerischen Praxis. Die Konflikte können aber auch vermittelt werden durch andere, nämlich gemeinsame Werte (sogenannte vermittelnde Werte). Die Ergebnisse der Analyse tragen dazu bei, Differenzen und auch Konflikte als Normalfall der planerischen Praxis anzusehen und möglicherweise sogar für Handlungsoptionen fruchtbar zu machen. Werden die Differenzen verstanden und konstruktiv genutzt, können lokal spezifische, nachhaltige und auch innovative Lösungen gefunden werden – jenseits des Standardrepertoires in Planung, Bauwesen und Architektur (Oevermann & Mieg, 2015a; vgl. van Assche & Duineveld, 2013).

Kasten 3: Fragen, Hypothesen, Thesen

Fragen, Hypothesen und Thesen sind wichtige Elemente von Forschung. Fragen, Hypothesen und Thesen werden oft als austauschbar angesehen, können jedoch sehr wichtige, unterschiedliche Funktionen erfüllen. Fragen sind Zugpferde von Forschung, Hypothesen sind Instrumente und Thesen sind die Leuchttürme. Fragen leiten und motivieren die Forschung, Hypothesen übersetzen die Fragen in überprüfbare Untersuchungseinheiten, Thesen komprimieren wissenschaftliche Positionen oder Ergebnisse in prägnanter Form. Dies möchten wir im Folgenden verdeutlichen.

Fragen: In Planung wie Forschung sind Fragen sehr wichtig. Die Beantwortung der Fragen zeigt an, wann ein Auftrag erfüllt oder eine Aufgabe erledigt ist. Daher sollten Fragen immer explizit formuliert werden (und nicht nur durch Stichworte angedeutet werden). Viele Fragen werden von extern hereingetragen (z. B.: Wie kann der Museumseingang neu gestaltet werden?) und müssen von uns erst *spezifiziert* werden (z. B.: Wie kann der Museumseingang behinderten- und denkmalschutzgerecht neu gestaltet werden?). Bei wissenschaftlichen Arbeiten geht es hierbei darum, aus Thema und Frage eine Forschungsfrage zu bilden. Die Forschungsfrage im engeren Sinn berücksichtigt den *aktuellen Stand der Forschung* und identifiziert eine *Forschungslücke*. Fragen markieren *Anfang und Ende* unserer Arbeit: Am Anfang definieren die Fragen das Interesse und Thema der Arbeit (bzw. den expliziten Auftrag). Am Ende müssen wir festhalten, wohin uns die Beantwortung der Fragen gebracht hat: In Auftragsarbeiten leiten wir *Handlungsempfehlungen* ab; wissenschaftliche Beiträge enden mit einer *Diskussion*, ob eine Forschungslücke geschlossen werden konnte und ein neuer Stand der Forschung erreicht wurde.

Hypothesen: Hypothesen sind empirisch überprüfbare Aussagen, z. B. „Nächtlicher Straßenlärm macht Anwohner krank". Empirisch überprüfbar heißt in einem realen Kontext überprüfbar. Hypothesen müssen *falsch sein können*! „Straßenlärm sollte reduziert werden!" ist keine Hypothese, sondern eine Forderung. Hypothesen, die schwer oder gar nicht überprüfbar sind, sollten als Thesen aufgefasst werden. Um eine Hypothese überprüfen zu können, müssen die enthaltenen Begriffe *operationalisiert* werden, d. h. in messbare Größen übersetzt werden (Wie messen wir „Straßenlärm", „nächtlich", „krank machen" etc.?). Sodann muss ein realer Kontext definiert werden, in dem die Hypothese überprüft wird (z. B. Wohnen an Stadtautobahnen). Es folgen Festlegungen zur Stichprobe (Welche Städte? Wann und wo genau wird erhoben?) sowie zur Testung (Grad der Erkrankung? Vergleichsgruppe?). Um überprüfbar zu bleiben, sollten Hypothesen *einfach* formuliert sein und keine Nebenbedingungen enthalten. Aus einer Hypothese wie „Straßen- und Baulärm macht krank" sollte man i. d. R. zwei Hypothesen bilden (eine zu Straßenlärm und eine zu Baulärm). Diese Hypothese wäre auch dann falsch, wenn nur eine Lärmquelle krank macht (z. B. Straßenlärm). Hypothesen sind wichtige Instrumente wissenschaftlichen Arbeitens. Wie bei allen Instrumenten gilt: man muss sie richtig anwenden.

Thesen: Thesen sind Aussagen, die schwer oder gar nicht überprüfbar sind oder die man in einem Forschungszusammenhang nicht überprüfen möchte. Thesen sind oft *Ausgangspunkte* für spezifische Fragen und Hypothesen sowie für Programme und Maßnahmen. Eine klassische These der Stadtplanung ist: Städte vereinen die Funktionen von Wohnen, Arbeiten und Freizeit. Die Charta von Athen formulierte im Anschluss die These, dass diese Funktionen in der Stadt getrennt sein müssten. Heute wird meist von der gegenteiligen These ausgegangen: Lebenswerte Städte müssen diese Funktionen verbinden. Thesen sind i. d. R. komplexer als Hypothesen, sie stellen Zusammenhänge dar und enthalten alles, was für das Verständnis einer Position oder eines Befundes nötig scheint. Im Forschungsprozess können Thesen dazu dienen, *Ergebnisse* auf den Punkt zu bringen. Die Ergebnisse bzw. Zwischenergebnisse lassen sich, fasst man sie als prägnante Thesen, mit Experten oder Auftraggebern diskutieren. Auf diese Weise können sie wiederum Ausgangspunkt weiterer Forschung werden. Thesen fungieren somit als „Meilensteine“ oder „Leuchttürme“ im Forschungsprozess.

Forschungsbeispiel: UNESCO-Weltkulturerbe Industriekomplex Zeche Zollverein (Essen)

Die Anleitung zu der synchronen Diskursanalyse wird mithilfe des Fallbeispiels UNESCO-Weltkulturerbe Industriekomplex Zeche Zollverein (Essen) in einer Anwendung dargestellt. Dieses Anwendungsbeispiel zeigt, wie die einzelnen Schritte bei der wissenschaftlichen Arbeit konkret umgesetzt werden können. Zu beachten ist, dass jede neue Forschungsfrage und jeder neue zu untersuchende Fall eine eigene, spezifische Anwendung der Anleitung braucht.

In den folgenden Kapiteln 3 und 4 werden an dem Fall Zollverein eine Forschungsfrage sowie die einzelnen Analyseschritte, die Anwendung von Teilmethoden und ihre Ergebnisse nachzulesen sein. Im Folgenden ist der Fall im Überblick (Ort, Geschichte und Transformationen) dargestellt. Der Fall UNESCO-Weltkulturerbe Industriekomplex Zeche Zollverein zeigt Transformationen des historischen Industrieareals in der Stadt und die damit einhergehenden Debatten, Konflikte und Vermittlungen zwischen Denkmalschutz, Stadtentwicklung, Kreativwirtschaft und Architektur. Die Zeche Zollverein wurde im Dezember 1986 stillgelegt, die zugehörige Kokerei 1993. 2010 endete der Zeitraum der Untersuchung des Fallbeispiels. Weitere Informationen zu den Planungsprozessen der Transformation der Zeche nach ihrer Stilllegung ist u. a. zu finden bei: Böll und Krabel (2010), Durchholz und Pfeiffer (2008) sowie Oevermann (2012).

Der Industriekomplex Zeche Zollverein, im Folgenden kurz Zollverein genannt, liegt im Ruhrgebiet, überwiegend auf dem nördlichen Stadtgebiet von Essen, kleine Bereiche gehören auch schon zu Gelsenkirchen. Grabungsrechte, die die Grundlage für den Steinkohleabbau darstellen, wurden 1847 von Franz Haniel erstanden. Er gab diesem ca. 13 km^2 großen und unbewohnten Grubenfeld den Namen Zollverein. Mehrere Schachtstandorte und seit 1860 eigene Werkssiedlungen, später auch Verwaltungsgebäude und Infrastruktureinrichtungen markierten seine Entwicklung und die der umliegenden Stadtteile. 1932 wurde die neue zentrale Schachtanlage 12, entworfen von den Architekten Fritz Schupp und Martin Kremmer, eingeweiht. Aufgrund ihrer außerordentlichen Leistungskraft (leistungsstärkste Zeche weltweit) wurden die anderen Schachtstandorte geschlossen bzw. nur noch für die Einfahrt der Arbeiter (Schacht 1/2/8) genutzt. Die Kokerei wurde 1958 in Betrieb genommen nach Plänen von Fritz Schupp (vgl. Buschmann, 1998; Grunsky, Mainzer, Kania & Ganser, 1999).

Während in den 1980er- und 1990er-Jahren nach der Stilllegung noch diskutiert wurde, was von Zollverein einen Denkmalwert aufweist, ist die erhaltene Substanz aller Schachtstandorte wie der Kokerei seit 2000 Denkmal, und seit 2001 sind der Schacht 1/2/8, Schacht 12 und die Kokerei UNESCO-Weltkulturerbe. Zollverein war Projekt der Internationalen Bauausstellung Emscher Park (1998–1999) und ist Ankerpunkt der damals initiierten europäischen Route der Industriekultur (ERIH). Auf Zollverein sind Anfang der 1990er-Jahre künstlerische Interventionen erfolgt und es ist eine kultur- und kreativwirtschaftliche Nachnutzung beschlossen worden. So wurde 1997 das *Red Dot Design* Museum eröffnet, 2010 das Ruhr Museum. In demselben Jahr wurde Zollverein der Eröffnungsort der europäischen Kulturhauptstadt *Ruhr.2010*. Gleichzeitig wies – und weist – der Standort im Essener Norden soziale und ökonomische Strukturdefizite auf, denen u. a. durch die Entwicklung von Zeche Zollverein als Wirtschaftsstandort sowie als Studienstandort begegnet werden soll (Fachbereich Design der Folkwang Hochschule). Mehrere Pritzker-Preisträger der Architektur, Norman Foster, SANAA und OMA (Rem Koolhaas), haben Umbau bzw. Neubauvorhaben auf Zollverein durchgeführt. Seit 2008 wird eine Entwicklung auf dem Kokereiareal planerisch gestaltet (Büro astoc, Köln).

Zeche Zollverein, 2009: Schacht 1_2_8
Der historische Materiallagerplatz bildet eine der Brachen auf Zollverein, die zukünftig mit einem Gebäude der Folkwang Hochschule, Fachbereich Design, bebaut werden soll.

(Bild: H. Oevermann)

Zollverein 2007: Werksschwimmbad
Das Werksschwimmbad wurde als Kunstinstallation 2001 installiert. Im Kontext der Ausstellung „Arbeit Essen Angst" knüpft diese Arbeit nicht nur an Fragen des Strukturwandels infolge stillgelegter Industrien an, sondern auch an das Thema der prekären kommunalen Infrastrukturen. Nach einer zwischenzeitlichen Schließung kann das „Werkbad" bis heute kostenfrei genutzt werden.

(Bild: H. Oevermann)

Zeche Zollverein, 2013: Kokerei
Der Blick entlang der Koksofenbatterie (rechts) zeigt die Faszination, aber auch die Problematik der Erhaltung und Umnutzung dieser technischen Anlagen.

(Bild: H. Oevermann)

Zollverein, Umbau der historischen Kohlenwäsche, 2007:
Die historische Kohlenwäsche, eine gigantische Maschine, die mit einer Hülle umgeben ist, wird umgebaut zum Besucherzentrum und Ruhr Museum. In einem ersten Bauabschnitt zuvor wurde die neue Rolltreppe als Zugang geschaffen.

(Bild: Heike Oevermann)

Zollverein, Kokerei, 2011:
Ein umgenutzter Verwaltungsbereich der Kokerei Zollverein, in dem sich heute eine Agentur befindet.

(Bild: Heike Oevermann)

Zollverein, Halle 12, 2011:
Das Fassadendetail zeigt die Veränderung, die durch den Austausch historischer Steine im Fassadenbild entsteht; rechts das neue Material, links die historische Substanz.

(Bild: Heike Oevermann)

Zollverein, Blick von der neu geschaffenen Rolltreppe und Zugang zum Besucherzentrum und Ruhr Museum, 2013: Das Foto zeigt den Aufgang zum Besucherzentrum in der historischen Kohlenwäsche, in dem auch das Ruhr Museum und das Portal Industriekultur untergebracht sind. Die Ruhrtriennale (Plakat links oben im Bild) ist ein publikumswirksames Kunst-Festival, das auch unabhängig von dem europäischen Kulturhauptstadtjahr Ruhr.2010 Besucher zusätzlich nach Zollverein lockt.

(Bild: Heike Oevermann)

Abbildungen 1–7: Fallbeispiel Zollverein

KAPITEL 2: KURZANLEITUNG ZUR SYNCHRONEN DISKURSANALYSE

Es folgt auf den nächsten drei Seiten eine Kurzdarstellung der synchronen Diskursanalyse. Hinzukommt eine kurze Einführung ins Exposé.

1. Forschungsfrage und erste Analyse des Falles

Haben Sie genug Vorwissen (Fall, Thema)? Welche Literatur gibt es?
Akteure, Debatten, Argumente: Welche Perspektiven auf den Fall (Diskurse) können erkannt werden?
Was ist die eigene Rolle, Ihr eigenes Interesse? [für die Fallanalyse bitte versuchen, das eigene Interesse in den Hintergrund zu stellen]
Erste Annahmen über mögliche Konflikte und Vermittlungen

↓

Fragestellung entwerfen: Was ist die **leitende Forschungsfrage**? [als einen Satz aufschreiben]

oder, wenn Diskurse nicht relevant für den Fall sind, auf ein anderes Verfahren wechseln

Verfassen Sie ein Exposé [vgl. Kasten 4].

2. Identifizieren der Diskurse und Konfliktlinien in der Literatur

- Benennung der Diskurse [= Identifizieren der Diskurskonstellation]:

Diskurs (a): …	**Diskurs (b): …**	**Diskurs (c): … usw.**

Beschreibung der Diskurse anhand der Literatur (Sekundäranalyse):
Was sind die zentralen …

- Ziele? *(„Wohin wird gedrängt?")*
- Konzepte ? *(„Was sind die Modelle, Begriffe, Instrumente …?")*
- Grundannahmen? *(„Wovon wird ausgegangen?")*
- Werte? *(„Was ist wichtig?")*

Vergleich der Diskurse: Was widerspricht sich?

↓

Formulierung der bekannten oder erwartbaren Konfliktlinien
Formulierung von Hypothesen (zu Diskursen, Konflikten, Vermittlungsprozessen …)

3. Analyse der einzelnen Diskurse im Fall

Material sammeln, sichten, sortieren (den Diskursen zuordnen): Dokumente, Pläne, Dateien, Bilder …
Material erfassen, ergänzen:

- Welche Information ist über welches Medium in welcher Form verfügbar?
- Material in einer Datenbank erfassen (z. B. *Access*)
- Experteninterviews?

Material analysieren:
Untersuchung der Interviewaussagen, Dokumente, Pläne etc. hinsichtlich
- Ziele
- Konzepte
- Grundannahmen
- Werte
- diskursinterne Aussagen sortieren

	Diskurs (a): …	Diskurs (b): …	Diskurs (c): …
Ziele	Material (a1): … Material (a2): … …	Material (b1): … Material (b2): … …	Material (c1): … Material (c2): … …
Konzepte	…	…	…
Grundannahmen	…	…	…
Werte	…	…	…

Hypothesen zu den Diskursen prüfen

4. Analyse der Konflikte

Welche konkreten Konflikte sind für den Fall erkennbar?
Bestätigen sich die Konfliktlinien [aus Schritt 2]?
Falls nicht → Wie unterscheidet sich der spezifische Fall von den Bedingungen, die in der Literatur genannt werden?
Hypothesen zu den Konflikten prüfen

5. Analyse der Vermittlungsprozesse

Welche konkreten Vermittlungen sind für den Fall erkennbar?
Hypothesen zu den Vermittlungsprozessen prüfen
Sofern noch nicht mit den Hypothesen erfasst: Gibt es diskursübergreifend gemeinsame Ziele, Konzepte, Grundannahmen, Werte?
Finden sich **Teildiskurse**?
- Enthält ein Diskurs eine relevante, abgrenzbare Teilmenge [z. B. Kreativwirtschaft als Teildiskurs der Stadtentwicklungsplanung]?
- Unterstützt der Teildiskurs bestimmte Vermittlungsprozesse?

Finden sich **vermittelnde Werte**?
- Welche Werte tauchen oft und bei unterschiedlichen Akteuren oder in den Dokumenten auf?

- Wo und wie helfen diese Werte, Konflikte bzw. Widersprüche aufzulösen?

Dynamik der Diskurskonstellation: Wie funktionieren die beobachtbaren Vermittlungsprozesse zeitlich betrachtet?

6. Diskussion der Forschungsrelevanz

Sind die Ergebnisse generalisierbar?
Ergibt sich ein neuer Stand der Forschung?

7. Verschriftlichung

Die Verschriftlichung steht hier als letzter Punkt, Sie sollten damit jedoch schon bei Punkt 1 beginnen. Schreiben Sie ein Exposé!

Kasten 4: Wissenschaftliches Exposé

Das Erstellen eines Exposés hilft, die eigenen Gedanken zu sortieren und die Arbeit mit Kollegen und Kolleginnen zu besprechen. Ein wissenschaftliches Exposé sollte – ganz generell – wie folgt aufgebaut sein:

- Titel der Arbeit
- das Thema
- die engere wissenschaftliche Fragestellung bzw. Ihr Interesse
- der Forschungsstand: wo ist der Anschluss an die wissenschaftliche Diskussion?
- Ihr Forschungsansatz (Theorie?)
- Ihre Hypothesen bzw. spezifizierten Fragen (ratsam: 3–5)
- die gewählte Methode
- Literatur
- vorläufige Gliederung der Arbeit
- Zeitplan

Eine leichte Variation ergibt sich bei Auftragsforschung: hier steht der Auftrag ganz am Anfang.

Ein Tipp für wissenschaftliche Qualifikationsarbeiten (von der Bachelorarbeit bis zur Dissertation): **1-Dokument-Strategie**: Nutzen Sie das Exposé als das einzige Dokument bzw. die einzige Datei für die Erstellung Ihrer Arbeit. Wenn Sie einen relevanten Artikel lesen, schreiben Sie mögliche Zitate und die Literaturangabe direkt in dieses Dokument. Vorteil: Sie haben alle Informationen in ein und demselben Dokument, und meist gleich an der richtigen Stelle im Text. Achtung: Speichern Sie Zwischenversionen (v. a. bevor Sie mit dem Streichen von Text beginnen)!

KAPITEL 3: DAS VERFAHREN DER SYNCHRONEN DISKURS-ANALYSE. DIE SCHRITTE IM DETAIL UND AM FALLBEISPIEL DARGESTELLT

1. Forschungsfrage und erste Analyse des Falles

Forschungsfragen können ausgehend von Fällen entwickelt werden.

Was ist ein Fall?
Bei der Untersuchung von Entwicklungsprozessen in der Stadt steht häufig der *Fall* am Anfang eines Forschungsvorhabens. Das Forschungsinteresse kann zum Beispiel geweckt werden durch die Wahrnehmung eines Konflikts in der Stadtentwicklung: Ein denkmalwürdiges Gebäude soll einer neuen Straßenführung weichen; ein ehemaliges Industrieareal, das durch Kreative genutzt wird, soll neu überbaut werden; etc. In der Regel handelt es sich um städtische *Transformationsprozesse*, d. h. Entwicklungs-, Gestaltungs- und Planungsvorhaben. In diesen Fällen sind bestimmte Themen zu erkennen (Erhalten eines Gebäudes; Entwicklung der Kreativwirtschaft; zukunftsfähige Verkehrsplanung …) sowie Akteure (Stadtentwicklung im Senat; Kreative; Investoren …). In der Regel besteht ein Konfliktpotenzial, oft sind die Konfliktlinien bereits sichtbar. Die Themen, Konflikte und Akteure des Fallbeispiels bilden den Ausgangspunkt für das Forschungsvorhaben.

Erste Analyse des Falles: Themen, Akteure, Konflikte
In einer ersten Analyse des Falles ist es sinnvoll, sich über die identifizierten Themen, Akteure und Konflikte zu informieren. Dazu gehört:

- eine Ortsbesichtigung
- erste Gespräche mit den Akteuren vor Ort (Planer, Initiativen, Eigentümer, Behördenvertreter usw.)
- Sammeln und Lesen schnell zugänglicher Dokumente, z. B. aus dem Internet, Berichterstattungen der Zeitungen und öffentlich zugängliche Planungsdokumente, wie Denkmallisten etc.
- erster Vergleich mit Ihrem fachlichen Grundwissen: Wie stellt sich der Fall z. B. aus Sicht des Denkmalschutzes oder der Raumplanung dar?

Dokumentieren Sie, was Sie über den Fall wissen. Mithilfe dieses Wissens kann eine Forschungsfrage formuliert werden. Zuvor sollten Sie jedoch Ihre eigene Position reflektieren.

Reflektieren der eigenen Position

Häufig sind Forscher gleichzeitig Akteure in einem der zu untersuchenden Diskurse oder werden von dem zu untersuchenden Fall bzw. der städtischen Transformation betroffen. Das heißt, Forscher sind keine neutrale Instanz innerhalb des Planungs- und Forschungsprozesses. Dennoch ist der Anspruch gegeben, dass der Forscher, die Forscherin alle Akteure und Diskurse gleichermaßen erfasst, versteht und bearbeitet. Daher ist es notwendig, eigene Positionen zu reflektieren:

Sehen Sie Akteure oder einen Diskurs eher negativ oder eher positiv? Gehören Sie selber mit Ihrer akademischen bzw. professionellen Tätigkeit einem der zu untersuchenden Diskurse an (Architekturproduktion usw.), so machen Sie sich Ihre eigene Einstellung zu dem Fall bewusst (eigene Sympathien, eigene Erfahrungen, eigene Logiken). Hinterfragen Sie dieses eigene „Vorwissen" auf die Relevanz für den Fall (wichtiges Vorwissen oder „selbstverständliche" Abgrenzung gegenüber Akteure xyz) und hinterfragen Sie auch die eigene Position zu dem Fall. Betrachte ich den Fall aus der Sicht eines Akteurs (Architekten, Verkehrsplaners …)?

Die leitende Forschungsfrage

Aus dem Abgleich des Vorwissens über den Fall und dem bestehenden Fachwissen lässt sich eine leitende Forschungsfrage formulieren. Die Forschungsfrage – manchmal auch mit „Fragestellung" bezeichnet – reflektiert den Stand der Forschung und soll Ihre weitere Forschung leiten. Mit der leitenden Forschungsfrage wird das Forschungsthema näher eingegrenzt und für die weitere Forschung aufbereitet. Beispiele können sein:

- Thema „Verkehr und Denkmalschutz im Fall ABC". Leitende Fragestellung: „Mit welchem gemeinsamen Verständnis von Erhaltung können Anliegen von Verkehrsplanung und Denkmalschutz (im Fall ABC) kombiniert werden?"
- Thema „Potenziale der Kreativwirtschaft im Fall XYZ". Leitende Fragestellung: „Sind lokale Wertschöpfungsketten für Kreativwirtschaft nötig, damit diese eine langfristige Perspektive auf einem umzunutzenden städtischen Industrieareal hat (im Fall XYZ)?"

➔Hinweis zum *Fokussieren*: Versuchen Sie Ihre leitende Forschungsfrage als eine einzige Frage zu formulieren. Wissenschaftliches Arbeiten bedeutet ein Fokussieren und Eingrenzen. Aus wissenschaftlicher Sicht ist es besser, eine enge Frage klar untersucht zu haben, als viele Frage aufgeworfen und unklar beantwortet zu haben. Vermeiden Sie daher, mit einem Sammelsurium an Fragen Ihre Forschung zu beginnen. Finden und definieren Sie eine leitende Forschungsfrage!

➔Hinweis für *Auftragsforschung*: Im Falle von Auftragsforschung ist die Forschung in der Regel vorgegeben. Oft es dennoch ratsam, eine leitende Forschungsfrage zu formulieren. Mit der Forschungsfrage machen Sie deutlich, wie der Auftrag unter Berücksichtigung des Stands der Forschung zu verstehen ist.

Wahl des Verfahrens

Nicht jede Forschungsfrage zu städtischen Transformationsprozessen kann mit der synchronen Diskursanalyse untersucht werden. Mit der synchronen Diskursanalyse lassen sich Fragen angehen, die sich auf Debatten und Interaktionen zwischen unterschiedlichen Akteursgruppen beziehen. Diese Debatten und Interaktionen können zu Konflikten führen. Sie können aber auch Modelle darstellen, die im Sinne von *Best Practice* Orientierung für professionelles Handeln geben.

Fallbeispiel Zollverein

Zeche und Kokerei Zollverein war in den 1990er-Jahren ein wichtiges Projekt der Internationalen Bauausstellung (IBA) Emscher Park (1989–1999). Die IBA Emscher Park fungierte als eigenständige Planungs- und Entwicklungsgesellschaft in öffentlicher Hand und zielte auf die Qualifizierung des gesamten nördlichen Ruhrgebiets (Emscher Raum). Damit rückte auch die Frage der Entwicklung und Nachnutzung aufgelassener und historischer Industrieareale in das Bewusstsein einer größeren Öffentlichkeit. Viele Architekten, Planer und Stadtentwickler begannen, sich für den Fall Zollverein zu interessieren. Gleichzeitig wurde von den Vertretern des Denkmalschutzes, hier insbesondere die beratende Fachbehörde (Rheinisches Amt für Denkmalpflege) und die obere Denkmalschutzbehörde des Landes Nordrhein-Westfalen, eine Unterschutzstellung der Bauten und technischen Anlagen der Zeche und Kokerei Zollverein als Denkmal vorangetrieben. 2001 erfolgte die Anerkennung von Zollverein als UNESCO-Weltkulturerbe. Damit wurde in den Transformationsprozessen nach Stilllegung ein zweifaches Anliegen verfolgt. Einerseits sollte der Schutz und die Erhaltung der historisch signifikanten Bauten und Anlagen sichergestellt werden. Andererseits brauchte der Essener Norden nach der Schließung des Industriekomplexes Zollverein neue Entwicklungsperspektiven. 2001 weckte eine große Kunstausstellung auf Zollverein Interesse. In der Ausstellung „Arbeit, Essen, Angst" wurde das Problemfeld von Arbeit und Freizeit in der globalen Informationsgesellschaft thematisiert und durch den Ort stark mit Fragen der Arbeitslosigkeit und fehlenden Möglichkeit der Freizeitgestaltung verknüpft. Zur Ausstellung gehörte u. a. die Installation eines benutzbaren Freibades aus zwei Überseecontainern, das den Namen „Werksschwimmbad" trug.

In dem kurzen Ausschnitt des Falles sind schon einige Themen und Debatten angesprochen wie: Umnutzung von aufgelassenen Industriearealen, Stadtentwicklung durch Kunst, Kultur und Kreative (kreativwirtschaftliche Stadtentwicklung) und Schutz bzw. Erhaltung als Denkmal und Veränderung desselben. Das letzte Thema ist bekannt für seine Konflikte: die Stadt Dresden hat seinen Weltkulturerbestatus abgeben müssen aufgrund

der neuen Waldschlößchenbrücke, die Stadt Köln hat ihre Hochhauspläne in Köln-Deutz zugunsten des UNESCO-Weltkulturerbes Kölner Dom aufgegeben, derzeit steht die Stadt Liverpool aufgrund von großen Neubauvorhaben (large-scale developments) auf der Liste gefährdeter UNESCO-Weltkulturerbestätten.
Auch für Zollverein wird immer wieder debattiert, wie die Erhaltung *und* Entwicklung dieses denkmalgeschützten und als UNESCO-Weltkulturerbe anerkannten Industrieareals geplant und realisiert werden kann. In der ersten Analyse des Falles wird deutlich, dass die Transformationen von Zollverein maßgeblich durch folgende Akteure bestimmt werden:

- Akteure des Denkmal- und Kulturerbeschutzes,
- Akteure der Stadtentwicklung,
- Akteure der Kunst bzw. Kreativwirtschaft und
- Akteure der Architekturproduktion, also Architekten und Freiraumplaner.

Jede dieser Akteursgruppen verfolgt andere Ziele: der Denkmalschutz zielt darauf, das Areal, seine Bauten und technischen Anlagen als Zeugnis einer vergangenen Epoche der Stadt und Region zu erhalten; Stadtentwickler wollen, im Sinne der Prosperität einer Stadt, dass das Areal entwickelt wird; Künstler und Kreative können in der Auseinandersetzung mit dem Areal künstlerisch arbeiten und Architekten wollen gute Architektur entwerfen und realisieren. Mit diesem Wissen über Themen, Konflikte und Akteure ließ sich eine konkrete Forschungsfrage formulieren. Sie lautete: „Wie kann der Denkmalschutz mit den divergierenden Zielen von Stadtentwicklung, Kreativwirtschaft und Architekturproduktion verbunden werden?"

2. Identifizieren der Diskurse und Konfliktlinien

Mit der synchronen Diskursanalyse werden Forschungsfragen bearbeitet, die mit den Debatten und Interaktionen zwischen unterschiedlichen Akteursgruppen zu tun haben. Mithilfe dieses Forschungsinstrumentes werden die *Diskurse* bzw. die spezifische *Konstellation* von Diskursen erfasst und verdeutlicht.

Was ist ein Diskurs?
Der Begriff *Diskurs* wird in Theorie und Praxis sehr unterschiedlich verwendet (vgl. Keller, 2007), er kann sich auf Unterschiedliches beziehen: auf eine Debatte oder öffentliche Diskussion, zum Beispiel um die Rekonstruktion von Stadtschlössern; ebenso auf eine Theorie oder eine Methode, z. B. das Phänomen „Altstadt" oder das Verfahren der „behutsamen Stadterneuerung". Wir nutzen den Begriff des Diskurses und die synchrone Diskursanalyse als Instrument der Forschung, um städtische Planungsprozesse zu untersuchen. In der planerischen Praxis spricht

man umgangssprachlich auch von unterschiedlichen „Perspektiven", anstatt den Begriff des Diskurses zu verwenden.

Diskurse sind eine über den Fall hinausgehende gültige Struktur, die Wissen und Bewertungsansätze bereitstellt. Man kann diese Struktur am besten als *epistemisches – erkenntnisleitendes – Gerüst* bezeichnen. Ein Diskurs verdeutlicht Erkenntnisse und damit verbundene Interessen. Wir werden Diskurse anhand von vier Kategorien beschreiben: Ziele, Konzepte, Grundannahmen und Werte. Mithilfe dieser Kategorien kann ein Diskurs charakterisiert werden. Beispielsweise zielt Stadtentwicklung auf die Prosperität von Städten und die Schaffung einer lebenswerten Umgebung. Konzepte wären der Stadtumbau oder die soziale Stadt. Dabei ist die Grundannahme, dass Städte sich in ständiger Transformation befinden und ihre Veränderungen gesteuert werden, um den neuen Anforderungen zu entsprechen. Hierbei sind ökonomische Werte relevant, ebenso Nachhaltigkeit oder soziale Integration.

Diskurse sind in der planerischen Praxis relevant, weil sie die Ziele und Konzepte von Bauvorhaben, städtischen Entwicklungsprojekten oder Raumplanungen vorstrukturieren. Dies kann allgemein als *regulative* Wirkung von Diskursen in der planerischen Praxis bezeichnet werden. Diskurse legitimieren institutionelle Regime („Gouvernementalität" nach Foucault, vgl. den Kasten 5 „Zur Theorie"), also beispielsweise die Arbeit von Behörden, und definieren Handlungsrahmen für die professionelle Praxis der Akteure. Die synchrone Diskursanalyse zielt also nicht in erster Linie darauf, Debatten nachzuzeichnen, sondern die *strukturierenden und regulierenden* Elemente dieser Debatten und Interaktionen in der Planungspraxis zu erfassen und zu analysieren.

Kasten 5: Zur Theorie: Foucault, Theorie sozialer Systeme

Die synchrone Diskursanalyse beruht auf zwei Theorieansätzen, die meist nicht in Verbindung gebracht werden: auf der Diskursanalyse nach Foucault einerseits und der Theorie sozialer Systeme andererseits. Von Foucault rührt der starke Begriff des Diskurses her: Diskurse bestimmen regulativ unser Handeln. Aus der Systemtheorie übernimmt die synchrone Diskursanalyse die Annahme der funktionalen Differenzierung unserer modernen Gesellschaften: Gesellschaft wird vom Zusammenspiel von Teilsystemen bestimmt, z. B. Wirtschaft, Politik, Recht. Beide Theorieansätze verbindet die Idee der *Kommunikation.* Diskurse wie auch gesellschaftliche Teilsysteme lassen sich als Formen von Kommunikation mit eigenen Code-Systemen verstehen, die sich auf mehr als nur die Schriftsprache beziehen, z. B. auch auf Bauten oder Lebensweisen.

Diskursanalyse nach Foucault: Michel Foucault (1926–1984) lehrte am Collège de France. Seinen Ansatz der Diskursanalyse hat er in zahlreichen Studien, z. B. zur Geschichte der Psychiatrie oder der Gefängnisse, angewandt. In seiner „Archäologie des Wissens“ (1973) und der „Ordnung des Diskurses“ (1974) stellt er Diskursanalyse als Methode vor. Foucault geht es darum, wie Wissen kommuniziert wird und damit Herrschaft erfolgt. Sein Ansatz ist historisch bzw. „genealogisch“, d. h., die Diskurse werden im Rückblick und aus ihrer Entwicklung verstanden. Für unseren Kontext sind zwei Begriffe relevant: Dispositiv (vgl. Foucault, 1978) und Gouvernementalität (vgl. Foucault, 2005). Das *Dispositiv* umfasst alle Maßnahmen und Materialien, welche für die Ausführung eines Diskurses genutzt werden: Pläne, Entscheidungen, Einsatzkräfte etc. *Gouvernementalität* meint unpersönliche Regierbarkeit von Gesellschaften, die historisch gewachsen ist und sich in Alltagsleben umsetzt, z. B. in der Regelung von Straßenverkehr oder generell in der Finanzierung und Nutzung von Infrastrukturen.
Theorie sozialer Systeme: Die Theorie sozialer Systeme ist mit den Werken von Talcott Parsons (1902–1979) und Niklas Luhmann (1927–1998) verbunden. Ausgangspunkt ist die Annahme, dass heutige Gesellschaften strukturell bzw. funktional differenziert sind und durch das Zusammenwirken von Teilsystemen bestimmt werden: Recht, Wirtschaft, Politik, Wissenschaft, Erziehung etc. Diese Teilsysteme entwickeln ein Eigenleben und verkörpern spezifische Funktionslogiken. Sie unterscheiden sich dadurch, was für erfolgreich gilt bzw. worauf es in dem Teilsystem ankommt: in der Politik gilt es, Wahlen zu gewinnen, in der Wirtschaft zählt Profit, etc. Die Ausbildung von Teilsystemen hilft, die Komplexität unserer Welt zu beherrschen, und führt selbst zu Komplexität. Jedes Teilsystem definiert Zugehörigkeit und damit die Unterscheidung von Drinnen und Draußen. Die wechselseitige Resonanz von Teilsystemen ist ungewiss und damit auch die Kommunikation zwischen den Teilsystemen. Luhmann hat dies eindrücklich am Beispiel der ökologischen Kommunikation dargestellt (Luhmann, 1986).
Die synchrone Diskursanalyse zehrt von Foucaults Diskursansatz wie von der Theorie sozialer Systeme. Die Unterschiede der in einem konkreten Fall anzutreffenden Diskurse können auf die Zugehörigkeit zu unterschiedlichen Teilsystemen zurückgeführt werden. Aufgrund unserer strukturdifferenzierten Gesellschaft sind machtvolle Diskurse möglich. Welche Diskurse im Einzelfall dies sind, ist eine empirische Frage, die mithilfe der synchronen Diskursanalyse geklärt werden kann. Die synchrone Diskursanalyse will weder Gesellschaftsanalyse noch Gesellschaftskritik sein, sie soll vielmehr ein wissenschaftsgestütztes Verständnis für Planungsprozesse erreichen.

Kerndiskurse
Für die Untersuchung der Forschungsfrage ist es sinnvoll, frühzeitig die relevanten Diskurse zu identifizieren und zu verstehen. Es empfiehlt sich, nach einer explorativen Sichtung des Forschungsgegenstandes (vgl. Schritt 1) sich in die relevanten Diskurse einzuarbeiten. Bei der synchronen Diskursanalyse wird vorausgesetzt, dass Diskurse existieren. Die Aufgabe besteht darin, die für den Fall relevanten Diskurse zu verstehen und analytisch zu beschreiben. Dies kann sinnvollerweise anhand der wissenschaftlichen und planerischen Literatur geleistet werden. Festzu-

legen ist der Zeitraum, über den der Diskurs betrachtet werden soll. Zunächst gilt es, jeden relevanten Diskurs in seinem *Kern* zu erfassen. Dabei helfen die Fragen:
- Welche Aussagen tauchen immer wieder auf?
- Auf welche Dokumente oder Literatur wird immer wieder verwiesen? Als Beispiel für ein solches Kerndokument im Diskurs Denkmalschutz kann z. B. die Charta von Venedig, 1964, dienen. Was steht darin?
- Sind die Verfasser der Dokumente oder Literatur wichtige Akteure in dem Feld, unabhängig von einem einzelnen Fall (wie Forschungsinstitute, Akademien ...)?

Die zentralen Kategorien: Ziele, Konzepte, Grundannahmen und Werte
Ziele, Konzepte, Grundannahmen und Werte stellen die zentralen Kategorien zur Beschreibung der Diskurse und später auch zur Analyse des Falles dar. Sie sind Kategorien der sozialwissenschaftlichen Diskursforschung entlehnt (vgl. Keller, 2007, S. 64) und für das Instrument der synchronen Diskursforschung angepasst worden. Im Folgenden wollen wir die Kategorien vorstellen und definieren:
1. *Ziele* formulieren, was umgesetzt werden soll, z. B. „Historische Industriearchitektur als Standort der Kreativwirtschaft". Ziele sind oft an Akteure oder Akteursgruppen und deren Interessen gebunden und können Ausdruck von Macht sein. Ziele geben die Richtung vor und entwerfen eine positive gesetzte Zukunft. In Umgangssprache gefasst, kann man fragen: *Wohin wird gedrängt?*
2. *Konzepte*, z. B. „Erhaltung durch Umnutzung", bilden die begriffliche Infrastruktur innerhalb jedes Diskurses. Infrastruktur ist hier im Sinne des „Dispositivs" verwendet (vgl. Kasten 5 „Zur Theorie"). Die begriffliche Infrastruktur definiert die Logik eines Diskurses (z. B.: Unter welchen Bedingungen gilt Umnutzung als Erhaltung?). In Umgangssprache gefasst, kann man fragen: *Was sind die Begriffe, Modelle, Instrumente ...?*
3. *Grundannahmen* sind die generellen Annahmen, die einem Diskurs zugrunde liegen, z. B. „Bauten sind erhaltungswürdig als Zeugnisse der Vergangenheit". Es handelt sich um Annahmen über die Ordnung der Welt, über Verfahren oder Legitimationsweisen. Aus Sicht des Diskurses gelten sie meist als selbstverständlich. Sie zu hinterfragen würde den ganzen Diskurs infrage stellen. In Umgangssprache gefasst, kann man fragen: *Wovon wird ausgegangen?*
4. *Werte* sind die Letztbegründungen innerhalb von Diskursen, z. B. begründet „Authentizität", dass aus Sicht des Denkmalschutzes möglichst keine Veränderungen am Denkmal vorgenommen werden dürfen. Die Authentizität bezieht sich beim Denkmalschutz auf Materialität und Funktion, die erhalten bleiben sollen. Werte gelten absolut und unbedingt. In Umgangssprache gefasst, kann man fragen: *Was ist wichtig?*

Konstellation von Diskursen

Diskurse werden von Akteuren getragen. Da an Planungsprozessen Akteure beteiligt sind, treffen in der planerischen Praxis unterschiedliche Diskurse aufeinander. Hieraus ergibt sich die *Diskurskonstellation* eines Falles. Diskurse stehen in einem dynamischen Verhältnis zueinander, d. h., es erfolgen Anpassungen und eine Aktualisierung von Diskursen im Hinblick auf die anderen Diskurse. Dies kann als Interaktion von Diskursen bezeichnet werden.

In der explorativen Phase der Untersuchung (Schritt 1) erkennen wir die Diskurse und ihre Konstellationen oft an Unterschieden in

- der Definition des Ortes: Brachfläche, Möglichkeitsraum für Entwicklung, Abenteuerspielplatz, Müllhalde etc.
- den Anliegen, die mit dem Ort verbunden werden: aufräumen, bebauen, freihalten, bepflanzen etc.

Die Beschreibung der Konstellation der Diskurse beinhaltet die Beschreibung jedes einzelnen Diskurses als Kerndiskurs *sowie* eine Zusammenstellung aller Diskurse der Konstellation. Eine Tabelle hilft, die Konstellation der Diskurse in der Übersicht darzustellen.

Fallbeispiel Zollverein

Im Fall Zollverein zeigten sich drei zentrale Diskurse, die in ihrem Kern entlang der Kategorien Ziele, Konzepte, Grundannahmen und Werte beschrieben werden. Die Tabelle vermittelt eine Übersicht.

Tabelle 1: Tabellarische Darstellung der Kerndiskurse Stadtentwicklung, Denkmalschutz und Architekturproduktion anhand der planerischen und wissenschaftlichen Literatur aus Deutschland

Kerndiskurs Stadtentwicklung			
Ziele	Konzepte	Grundannahme	Werte
Die Entwicklung und Prosperität der Stadt sowie die Schaffung einer lebenswerten Umgebung	u. a. Stadterneuerung Stadterweiterung Flächensanierung	Ständige Transformationen sind im Hinblick auf die Ziele zu steuern, um neuen Anforderungen zu begegnen.	Entwicklung Nachhaltigkeit Soziale Integration Visionen Wirtschaftliche Werte

Kerndiskurs Denkmalschutz			
Ziele	**Konzepte**	**Grundannahme**	**Werte**
Schutz und Erhaltung und Vermittlung des materiellen Erbes	u. a. minimale Intervention Reparation	Historische Materialität ist Zeugnis einer Vergangenheit.	Authentizität Denkmalwerte Erhaltung Integrität
Kerndiskurs Architekturproduktion			
Ziele	Konzepte	Grundannahme	Werte
Mittels Entwurf und Design sollen Räume für Nutzungen in architektonischer Qualität entstehen.	u. a. ortsbezogene Architektur iconic architecture strategisches Entwerfen	Der physische Raum wird in eine neue Form überführt.	Architektonische Qualität Ästhetische Werte: Gestaltung, Erscheinungsbild, Atmosphäre

Erste Hinweise auf Teildiskurse

In der planerischen und wissenschaftlichen Literatur lassen sich zu den Diskursen leicht divergierende Ziele und Konzepte finden, ebenso Grundannahmen und Werte, die den Kerndiskurs ergänzen. Solche Varianten werden im Folgenden als Teildiskurslinien bezeichnet und können mit zentralen Begriffen benannt werden: Stadtmarketing, Industriedenkmalpflege, *historic cities* oder Kultur- und Kreativwirtschaft … Teildiskurse sind für die Vermittlungsprozesse im Fall relevant und werden im Schritt 5 näher erläutert. An dieser Stelle ist es sinnvoll, in einer vorläufigen Übersicht Teildiskurse und ihre Literatur vorzustrukturieren und das eigene Wissen festzuhalten, das bei der Recherche und Beschreibung der Kerndiskurse generiert wurde.

Bekannte oder erwartbare Konfliktlinien für den Fall formulieren

Die Beschreibung der Diskurse entlang gleicher Kategorien ermöglicht einen Vergleich der Diskurse. Der Vergleich zeigt Unterschiede oder sogar Widersprüche zwischen den Diskursen auf. An diesen Unterschieden oder Widersprüchen sind die Konflikte angesiedelt. Das heißt, die Aufgabe ist es, entlang jeder Kategorie

- die Unterschiede zwischen den Diskursen (Ziele usw.) zu erfassen
- und die Widersprüche zwischen den Diskursen zu erkennen.

Aus dem Wissen über Unterschiede und Widersprüche zwischen den Diskursen können mögliche Konfliktlinien abgeleitet werden, z. B. die Konfliktlinie Erhaltung versus Veränderung historischer Bauten. Die Konfliktlinien tauchen in der Regel auch explizit in der planerischen und wissenschaftlichen Literatur auf. Für ein besseres Verständnis der Konfliktlinien ist es sinnvoll zu prüfen, wie sich die Konfliktlinien in der Literatur darstellen, z. B. aus Sicht der Architekturproduktion oder der Raumplanung.

Mit dem vorab gewonnenen Wissen über den Fall, über Unterschiede und Widersprüche in der Diskurskonstellation und den bekannten Konfliktlinien der Literatur können wir Konfliktlinien in Bezug auf den Fall formulieren. Dazu gehört sinnvollerweise die Einbeziehung des Wissens aus Schritt 1. Konfliktlinien sind meist auch schon in der ersten Untersuchung des Fallbeispiels aufgetaucht. Kritiken oder kritische Kommentare in Gesprächen oder Berichten geben Hinweise auf Konfliktlinien. Auch Aussagen, die resignierend oder abwertend wirken, deuten oft auf Konfliktlinien hin.

➔ Hinweis: Sie werden im weiteren Forschungsprozess die Konfliktlinien (in ihrem Wortlaut) mit den unterschiedlichen Akteuren diskutieren müssen. Daher ist Folgendes zu beachten:

- Verwendung einer sachlichen Sprache: Ergreifen Sie nicht „Partei"
- Formulierung der Konfliktlinien aus einer übergeordneten Sichtweise (Metaebene)

Prüfen Sie die Verständlichkeit Ihrer Formulierung mithilfe von Personen ohne Wissen über die Konfliktlinien (Freunde, Bekannte …) und prüfen Sie auch die Sachlichkeit Ihrer Formulierung mithilfe von Personen mit Wissen über die Konfliktlinien (Kollegen, andere Planer …).

Fallbeispiel Zollverein

Für den Fall Zollverein wurden mehrere Konfliktlinien identifiziert und eine Reihe von Hypothesen formuliert.
Zentral für Zollverein erwies sich die Konfliktlinie „Erhaltung versus Veränderung".
Hieraus ergibt sich eine Konfliktlinie zwischen Stadtentwicklung und Denkmalschutz: Stadtentwicklung versucht, die historische Industriearchitektur für wirtschaftliche Entwicklung zu nutzen, und setzt auf Veränderung; dagegen zielt der Denkmalschutz auf die Erhaltung von Authentizität und Integrität der baulichen Substanz.
„Erhaltungs"-Hypothese: „Der Begriff der Erhaltung wird je nach Diskurs unterschiedlich verstanden."

Diese Hypothese bestätigte sich. Im Diskurs Denkmalschutz wird Erhaltung auf die bestehende Bausubstanz bezogen und mit Authentizität und Integrität gleichgesetzt. Der Diskurs Standentwicklung bezieht Erhaltung auf den Standort, wodurch einzelne Gebäude durchaus Veränderungen unterworfen werden können. Nicht bestätigt hat sich die „Kreativwirtschafts-Diskurs"-Hypothese. Wir gingen ursprünglich davon aus, dass Kreativwirtschaft im Fall Zollverein einen eigenen Diskurs darstellt. Tatsächlich erwies sich Kreativwirtschaft als Teildiskurs von Stadtentwicklung. Kreativwirtschaft erwies sich im Fall Zollverein als inhomogener Ansatz und wurde letztlich genutzt, um Stadtentwicklung voranzutreiben.

3. Analyse der einzelnen Diskurse im Fall

Für die Analyse der einzelnen Diskurse im Fall wird Material benötigt, das untersucht werden kann. Aufarbeitung und Auswertung des Materials erfolgen in drei großen Schritten:
I) Sammeln, sichten, sortieren
II) Erfassen, ergänzen
III) Analysieren
Die Schritte werden nun nacheinander erörtert.

I) Sammeln, sichten, sortieren

Woraus besteht das Untersuchungsmaterial?
Das Untersuchungsmaterial besteht aus unterschiedlichen Formaten:

- Dokumente aller Art: Dies sind Berichterstattungen, Strategiepapiere, politische Beschlüsse, Sitzungsprotokolle, Nutzungsprogramme, Interviews, Ausschreibungen, Internetdokumente etc.
- gezeichnete Pläne oder auch Bilder, Renderings usw., die für ein Projektvorhaben erstellt worden sind
- im Forschungsprojekt erzeugtes Material: durch Experteninterviews, Fokusgruppengespräche, Befragungen etc. kann zusätzliches und sehr wichtiges Material gezielt erzeugt werden

Sammeln Sie Material aus Veröffentlichungen, Archiven und vor Ort. Hier helfen z. B. Pressestellen, aber auch Mitarbeiter, die sich mit den Planungsprozessen beschäftigen. Sie haben oft Zugang zu sogenannter grauer Literatur, d. h. zu Dokumenten, die nicht veröffentlicht worden sind, die für die Analyse des Falles aber sehr wichtig sein können (Strategiepapiere, Agenden …).

Sichten Sie, ob von allen relevanten Akteuren Material vorliegt. Um zu wissen, welche Akteure relevant sind, fragen Sie im Hinblick auf Ihren Fall: Wer plant, wer entscheidet, wer finanziert, wer ist Eigentümer, wer entwirft Zukunftsvisionen, wer erarbeitet Alternativen, wer kritisiert, etc.?

Prüfen Sie Ihr Material und nehmen Sie eine Zuordnung zu Akteuren und Diskursen vor. Dies ist wichtig, um sicherzustellen, dass Sie vergleichbare Informationen (Material) von den unterschiedlichen Akteuren und Diskursen zur Verfügung haben.

Zuordnung des Materials zu Akteuren und Diskursen
Die Zuordnung zu Akteuren und Diskursen gibt Auskunft darüber, welche Information von wem in welcher Form vorliegt bzw. verfügbar ist. Das heißt, mithilfe dieser Zuordnung wird das Material im Hinblick auf Akteure und Diskurse sortiert. Die Zuordnung kann an unterschiedlichen Startpunkten begonnen werden. Die für den Fall relevanten Diskurse sind schon benannt worden, auch ist schon Wissen über einige Akteure und Material in Schritt 1 gesichtet worden. Die systematische Zuordnung des gesamten Materials erfolgt in der Regel über den Verfasser des Materials (Akteur) und seine Zugehörigkeit zu einer Institution. Institutionen können dabei Teil eines Diskurses sein, wie z. B. Denkmalschutzbehörden. Hier ist die Zuordnung einfach. Vier Wege der Zuordnung Diskurs – Akteur + Material können unterschieden werden:

- Material verfasst von Vertretern einer *Behörde oder eines Planungsbüros*: beispielsweise das Amt für Stadtentwicklung oder ein Architekturbüro etc. Die Institution ist Teil eines Diskurses. Hier können Material und Akteure in der Regel direkt zugeordnet werden.
- Material verfasst von *intermediären Akteuren*: beispielsweise Städtenetzwerke oder Stiftungen. Intermediäre übernehmen eine moderierende Rolle zwischen Top-down-Planungsakteuren und Bottom-up-Initiativen (vgl. Mieg & Töpfer, 2013). Hier sind meist Ziele und Aufgaben der Institutionen klar formuliert, auch werden Konzepte und Instrumente dargestellt. Oft sind spezifische Schwerpunkte zu erkennen, wie bei dem internationalen Städtenetzwerk *Organisation of World Historic Cities* die historische Stadt oder bei dem lokal agierenden Quartiersmanagement (Berlin) der Schwerpunkt soziale Stadtentwicklung. Mit diesem Wissen können auch hier Material und Akteure Diskursen zugeordnet werden.
- Material verfasst von *Akteuren, die sich „privat" organisiert haben*: beispielsweise Initiativen oder Protestbewegungen. Sie sind in der Regel in Bezug auf ein Projekt organisiert und daher nicht so klar erkennbarer Träger eines Diskurses.

Sie können sich unter Umständen mit ihren Zielen, Konzepten, Grundannahmen und Werten mit mehreren Diskursen verbinden und müssen dann auch mehreren Diskursen zugeordnet werden.

- Material verfasst von Akteuren, die *außerhalb des Transformationsprozesses* stehen, beispielsweise andere Forscher. Dieses Material dient als wichtiges Hintergrundmaterial, um den Fall zu verstehen und im Kontext einzuführen; es wird aber nicht in die direkte Analyse einbezogen.

Bei der Zuordnung von Akteuren und Diskursen kann unterschieden werden, wer mit dem Diskurs eng verbunden ist und wer Diskurse strategisch nutzt. Zum Beispiel: Der bei der Fachbehörde arbeitende Denkmalpfleger ist eng verbunden mit dem Diskurs Denkmalschutz. Vertreter städtischer Institutionen, die die Stadtentwicklung vorantreiben wollen und eine Entwicklung hin zur kreativen Stadt (Creative City) entscheiden und implementieren, nutzen diesen derzeit positiv besetzten Diskurs der Kreativwirtschaft eher strategisch. Je nach Forschungsfrage ist es sinnvoll, die Zuordnung um diese Informationen zu ergänzen.

II) Erfassen, ergänzen

Das Material sollte Information aus jedem Diskurs bereitstellen. Es vereinfacht die Analyse, wenn ungefähr gleich viele Dokumente, eventuell Pläne, pro Diskurs zur Verfügung stehen. Auch sollten alle wichtigen Akteure mit ihren Positionen erfasst sein, wie andersherum auch alle zentralen Dokumente (auf diese wird immer wieder verwiesen).

Markieren: Oft müssen Dokumente nochmals zur Hand genommen werden (um etwas nachzulesen, ein Zitat zu finden, …). Sind die wichtigen Aussagen in den Dokumenten zu Zielen, Konzepten, Grundannahmen und Werten jeweils mit einer anderen *Farbe* markiert, können Sie sich auch später im Text und Ihrer Analyse gut orientieren, z. B. Ziele sind immer blau gekennzeichnet, Konzepte grün, Grundannahmen gelb und Werte rot.

Datenbank, Datenverarbeitung: Die Gesamtzahl der Dokumente ist fallabhängig und abhängig von der Forschungsfrage. Es kommen schnell mehrere Hundert Dokumente zusammen. Um den Überblick zu bewahren, bietet sich die Erfassung der Dokumente in einer Datenbank an. Diese sollte auch die weiteren Analyseschritte unterstützen. Im Zusammenhang mit der Dokumentenanalyse (Kapitel 4) wird dargestellt, wie das Programm *Access* genutzt werden kann.

Gegebenenfalls ist das Material zu ergänzen. Hier bietet es sich an, eigenes Material zu generieren. Dies kann zum Beispiel mittels Experteninterviews oder Fokusgruppen erfolgen (Kapitel 4). Fokusgruppen sind moderierte Gruppeninterviews, z. B. mit Anwohnerinnen und Anwohnern. Experteninterviews erfolgen mit einzelnen Personen, die über Sonderwissen verfügen; die Interviews stützen sich auf einen vorbereiteten Leitfaden (Kapitel 4). Der Vorteil von Experteninterviews besteht darin, dass der Forscher Auskünfte direkt zu seiner Forschungsfrage und Konfliktlinien bzw. Vermittlungen erhält sowie in der Regel einen besseren Zugriff auf weitere Dokumente bekommt. Oft haben die Interviewpartner auch noch wichtige Hinweise oder geben Auskunft, was eventuell bislang übersehen wurde.

III) Analysieren

Die Analyse des Materials wird entlang der jetzt schon bekannten Kategorien Ziele, Konzepte, Grundannahmen und Werte durchgeführt (vgl. Schritt 2). Zu befragen ist jedes einzelne Dokument. Dokumentierte Interviewaussagen sind sinnvollerweise entsprechend aufbereitet worden, sodass die Aussagen direkt ausgewertet werden können:

1. Welche Ziele werden genannt?
2. Welche Konzepte werden genannt?
3. Welche Grundannahmen sind erkennbar?
4. Welche Werte sind erkennbar?

Für die weitere Auswertung sollen die Aussagen zunächst diskursintern, dann auch diskursübergreifend, gebündelt werden. Dabei können tabellarische Übersichten helfen, wie:

- tabellarische Übersichten der Aussagen der Interviewpartner (diskursintern) zu Zielen, Konzepten usw. Das folgende Schema (Tabelle 2) kann hier und bei den folgenden Punkten helfen.

Tabelle 2: Schema zur tabellarischen Zuordnung von Aussagen zu Diskursen

Ziele		
Diskurs (a): …	**Diskurs (b): …**	**Diskurs (c): … usw.**
Interviewpartner xy: „…“ Interviewpartner z: „…“	Interviewpartner bc: „…“ usw.	usw.

- tabellarische Übersichten der Aussagen der Dokumente (diskursintern) zu Zielen, Konzepten etc.
- weitere Sortierungen der Aussagen (diskursübergreifend) , wie z. B. die gemeinsame Auswertung der zentralen Dokumente und ihrer Ziele etc. oder Interviewaussagen zu Konflikten bzw. Vermittlungen

Für die Erstellung der tabellarischen Übersichten bezüglich der Aussagen der Dokumente hilft das Datenverarbeitungsprogramm. Damit können sogenannte Berichte *(Access)* erstellt werden, die auf einer Filterfunktion beruhen, z. B. alle Ziele, die zum Diskurs Stadtentwicklung zu finden waren (Filter Diskurs „Stadtentwicklung" und Kategorie „Ziele"). Als Zwischenergebnis sollten folgende Aspekte dokumentiert werden:

- die Bandbreite der Aussagen innerhalb eines jeden Diskurses zu einer Kategorie wie Ziele usw.
- gegebenenfalls die Veränderungen der Aussagen innerhalb eines Diskurses in dem Untersuchungszeitraum
- signifikante Abweichungen zu diesen Aussagen: Hier sollten diese nochmal geprüft werden. Sind die Interviewpartner, Dokumente etc. dem richtigen Diskurs zugeordnet worden? Sind die einzelnen Aussagen richtig verstanden worden? Was kann diese Abweichung für das Fallbeispiel und die Fragestellung erklären?

Ist das Material zu einem Fall aufbereitet, so bietet sich für die Detailanalyse der Diskurse die Dokumentenanalyse an. Hierzu gehören u. a. drei Teilverfahren:

- Inhaltsanalyse: hier geht es darum, Sinnstrukturen in dem Material zu erfassen, z. B. was von verschiedenen Akteuren unter „Erhaltung" verstanden wird.
- Frequenzanalyse: hier geht es darum, die Häufigkeit des Auftretens bestimmter Kategorien darzustellen, z. B. um zu sehen, wann und wie oft von „Erhaltung" die Rede ist.
- Plananalyse: hier geht um die Analyse von Plänen und Karten, z. B. um zu verstehen, wie sich „Erhaltung" in einem Masterplan umsetzt.

Die Analysemethoden werden im Detail im Kapitel 4 vorgestellt.

Fallbeispiel Zollverein

Als Beispiel einer Zusammenstellung der Aussagen soll hier ein Auszug aus dem Bericht *(Access)* zu den Zielen im Diskurs Architekturproduktion dienen. Die Aussagen der Dokumente sind in ihrer Chronologie sortiert und zur Identifikation mit der ID-Nummer versehen (jedes Dokument hat eine eigene Nummer). In der Zusammenstellung der Aussagen wird auch sichtbar, dass manche Dokumentaussagen als Zitat erfasst wurden, andere Aussagen in eigenen Worten wiedergegeben wurden. Je nach Dokumententyp ist das Zitat oder die eigene Formulierung sinnvoll. Die hinter dem Zitat angegebene Zahl hält die Seitenzahl, auf der das Zitat wiederzufinden ist, fest. Wichtig ist es, die Zitate immer zu kennzeichnen (Plagiatsproblematik!).

Ziele

Diskurs Architekturproduktion

Jahr	ID	Ziele
1990	213	Strukturwandel, Diskussion anregen
1994	241	langfristige Erhaltung und Umnutzung
1996	206	Schöne neue Welt , Visionen erfinden und realisieren, programmatisch für den Ort das beste (Material, Technologie, aber auch Entwurf)
1996	235	Die chotische Landschaft wird von Rückriem neu definiert: " Seine Skulpturen aus Stein zeigen Wege auf, geben Richtungen und Orientierungen, schaffen Orte und Plätze in einer sonst orientierungslosen Welt. (31)
1997	205	Erhaltung und umnutzung, sensibler Umgang mit der Substanz und Entwurf
1997	262	"Unsere Absicht war und ist es, mit der vorgefundenen Architektur behutsam umzugehen, nicht mit ihr zu konkurieren, sondern einfache Lösungen zu suchen; der Bedeutung des Ortes entsprechend das Unspektakuläre zu finden für Sanierungen, Einbauten, Umbauten und Erweiterungen." (873) "Jede bauliche Erweiterung sollte stets als solche ablesbar sein." (875)
1999	165	"Dauerhaft sind weitere Teile für einen industriearchäologischen Rundgang erschlossen worden." (19); "(...) authentischen Ort und Ausstellungsaussage zu vereinen (Axel Föhl)" (21);
1999	208	Strukturwandel
1999	250	Transformation
2000	129	gemeinsame Antworten zu baulichen Transformationen finden
2002	53	new function to palce; re-programming of the existing buildings related to art and culture; attract visitors and generate an influx of events and ideas
2002	73	"Es geht um die Neuinterpretation und die Neunutzung dieses Industriekomplexes." (47)
2002	85	"(...) das Ruhrgebiet besser zu begreifen, und damit die moderne Kondition der europäischen Stadt (...)" (55) Eine Überlegung: "(...) das wir dem Definitiven eine Architektur gegenüber stellen, die sich immerzu wandelt (...)" (53)
2005	225	"(...) das Konzept komponiert einen Landschaftsraum aus den bereits vorhandenen Elementen, bezieht dabei die historischen Entwicklungen und Zeichen bewußt und glaubhaft ein und bietet zukünftigen Entwicklungen und Nutzungen eine Oberfläche und einen Raum."
2006	161	Neuprogrammierung des Areals
2006	180	"behutsam umzugehen mit der vorgefundenen Architekturm nicht mit dieser zu konkurrieren, einfache Lösungen zu entwickeln, der bedeutung des Ortes entsprechend das Unspektakuläre zu finden für Einbauten, Erweiterungen und Optimierung der Fassadenfunktionen. "(139)
2006	224	Spielorte entwickeln, zugänglich machen, Zollverein für den Stadtteil öffnen
2007	92	Erfüllung des Raumprogramms unter den Beurteilungsschwerpunkten: "Schwerpunkte der gesamten Planung sind die Berücksichtigung städtebaulicher, gestalterischer sowie funktionaler Grundsätze sowie die Kriterien der Wirtschaftlichkeit." (11)
2007	144	Die Folgekosten für Denkmalerhalt und Betrieb ca. 13-15 Mio/pa. Für die weitere Entwicklung sollen private Mittel akquieriert werden. (2)
2007	145	Abstimmung der baulcihen Transformationen
2008	117	Verhinderung des Neubaus; "(...)Zollverein wieder auf Kurs bringen"
2008	155	Darstellung der städteb. / arch. Qualität
2009	52	"Wir wollten etwas von der neuen Nutzung zeigen und doch gleichzeitig Kontinuität wahren: die Maßstäblickiet, die Einfachheit und auch die Transparenz der bestehenden Bauten."
2009	141	Sicherung der Gestaltqualität
2009	226	"An diese realtiv schmale, bandförmige Fläche werden vielfältige Nutzungsanforderungen formuliert: Sie ist zum einen repräsentative Vorfläche für die zukünftige Bebauung, sie muss für den Lieferverkehr der anliegenden Firmen geeignet sein, sie muss die Ringpromenande des Zollverein Parks aufnehmen, sie muss die Anforderungen des Denkmalschutzes gerecht werden und sie muss zudem eine hohe Aufenthaltsqualität aufweisen."
2010	44	"Das Konzept der Umnutzung reagiert auf die gegenläufigen Forderungen nach größtmöglichem Erhalt alles bestehenden sowie frei und flexibel nutzbaren Räumen für eine museale Nutzung." (32)

Mittwoch, 18. Mai 2011 — Seite 1 von 11

Abbildung 8: Auszug aus dem Bericht im Programm *Access* (unkorrigiertes Bildschirmfoto)

4. Analyse der Konflikte

Im Schritt 4 der synchronen Diskursanalyse werden die Konflikte des Falles analysiert:
- Welche konkreten Konflikte sind für den Fall erkennbar?
- Bestätigen sich die Konfliktlinien, die anhand der Literatur formuliert worden sind (Schritt 2)?
- Falls weitere Hypothesen formuliert wurden: Lassen sich diese belegen bzw. widerlegen?

Im Folgenden stellen wir zuerst auf die Analyse konkreter Konflikte vor, sodann gehen wir noch einmal auf die Überprüfung von vordefnierten Konfliktlinien ein.

Konkrete Konflikte im Fall

Das Material (Experteninterviews, Dokumente …) ist im Hinblick auf die konkreten Konflikte des Falles zu sichten und die konkreten Konflikte sind herauszufiltern. Dabei können folgende Fragen helfen:
- Welche Beispiele von Konflikten werden genannt?
- Werden die gleichen Konfliktbeispiele von unterschiedlichen Akteuren (z. B. Interviewpartnern) beschrieben?
- In welcher Art von Dokumenten werden konkrete Konflikte genannt?
- Sind die Darstellungen der konkreten Konflikte verständlich oder was bleibt daran unverständlich?

Eine einfache Tabelle kann helfen, die Aussagen der Interviewpartner zu bündeln und in eine Übersicht zu bringen. Das erleichtert es, die Konflikte nachzuvollziehen.

Konflikte werden aber nicht immer von den beteiligten Akteuren oder in den Dokumenten konkret benannt. Hier hilft die Herausarbeitung der Konflikte entlang der Kategorien Ziele, Konzepte, Grundannahmen und Werte, d. h., das Material wird im Hinblick auf die Unterschiedlichkeit von Aussagen geprüft (gleiche Kategorie, z. B. Ziele und verschiedene Diskurse). Diese Untersuchung ist auch für die (Nicht-)Bestätigung der Konfliktlinien nötig. Um die Unterschiede in den Kategorien Ziele, Konzepte, Grundannahmen und Werte zu erfassen, sind analog zu der Analyse der Diskurse ähnliche vier Fragen zielführend:
1. Wie unterscheiden sich die Ziele?
2. Wie unterscheiden sich die Konzepte?
3. Wie unterscheiden sich die Grundannahmen?
4. Wie unterscheiden sich die Werte,
   die von Akteuren/Dokumenten *unterschiedlicher Diskurse* formuliert werden?

Für die Analyse der Konflikte gilt die Faustregel: Unterschiede in Zielen und Konzepten weisen auf mögliche Konflikte hin, Unterschiede in Grundannahmen und Werten begründen die Konflikte. Und je deutlicher die Widersprüche sind (wie: Erhaltung versus Veränderung), die durch diese Unterschiede entstehen, desto größer sind die Konflikte. Dokumentieren Sie Ihre Ergebnisse so, dass Sie diese auch später (ein Jahr, zwei Jahre …) nachvollziehen können und gegebenenfalls das untersuchte Material auch noch mal heranziehen können (z. B. für ein Zitat).

Fallbeispiel Zollverein

Tabelle 3: Interviewaussagen zu der Konfliktlinie von Erhaltung versus Veränderung

Name/Institution/ Diskurszuordnung	Konfliktbeispiel	Auszug aus dem Interview
NN [Denkmalschutz]	Umbau und Umnutzung allgemein	„Veränderung muss nicht grundsätzlich Authentizität und Integrität gefährden, aber es ist eine Gratwanderung."
NN [Architektur]	Umnutzung und Umbau der Kohlenwäsche	„Konservieren was da ist und nicht mehr weiter machen, das kann eigentlich ein Kreativer so nicht gebrauchen. Das ist ein absoluter Gegensatz."
NN [Stadtentwicklung]	Umnutzung und Umbau der Kohlenwäsche, Fassade	„Und jetzt war die spannende Frage, die wir über Monate diskutiert haben: darf man bei der Kohlenwäsche die Fassade neu errichten und sie um wenige Zentimeter nach außen rücken? (…) Zum Glück wurde richtig entschieden und heute sieht es keiner mehr, dass das Gebäude durch eine neue Fassade bei einer Gesamtlänge von 90 m 30 cm länger ist."
NN [Stadtentwicklung]	Umnutzung und Umbau der Kohlenwäsche, Innenräume und Fassade	„Bei der Fassade, hat man dann gesagt, die können wir nicht durch eine neue, zweite Schale, die nach außen versetzt ist, verändern. Und dann gab es endlose Diskussionen: Was ist denn jetzt denkmalgerecht? (…) Eine Ausstellung braucht Fläche, eine Ausstellung braucht Raum. Jetzt könnte man sagen, das ist eine Riesenkiste (Kohlenwäsche, Anmerkung Hrsg.), da wird man schon Raum finden. Wenn man aber die Brille der Denkmalschützer aufsetzt, wird der sagen, ich gebe nichts her. Die Kohlenwäsche hatte den Riesenvorteil, der darin besteht, dass die gesamte technische Anlage quasi doppelt darin ist, das sind praktisch zwei Stränge. Jetzt ist das so wie [...bei, die Hrsg.] der Niere, man kann eine rausnehmen. So hat man sich da geeinigt."

NN [Denkmalschutz]	Umbau und Umnutzung der mechanischen Werkstatt	„Das ging dann bei der mechanischen Werkstatt alles ganz schnell, dass alle Teile, die an eine historische Nutzung erinnern, herausgebrochen wurden. (...) Als es dann doch zu der Diskussion kam, da war dann klar, dass die Möglichkeit diese Dinge zu erhalten und damit die Denkmalpflege untergeordnet war. Die Nutzungsidee (Ausstellungsraum, Anmerkung Hrsg.) war so mächtig und man wollte die Chance nutzen, den Ort in diese Richtung weiterzuentwickeln und zukunftsfest zu machen. (...) Allerdings mir wäre es lieb gewesen, wenn man intensiver nachgedacht hätte und versucht hätte, das eine oder andere zu erhalten."
NN [Architektur]	Umnutzung und Umbau Schacht 12, Parkplätze	„Bei uns war der Denkmalschutz gegen den Parkplatz, weil wir da historische Gleise weggenommen haben. Aber das ist dann einfach gemacht worden, denn wenn wir Lebendigkeit reinbringen wollen – Unternehmer, Besucher, dann brauchen wir Parkplätze. Wir haben dann eine Gestaltung gewählt, die eher so einen Fabrikcharakter hat, und etwas Großzügiges, wie Zollverein selbst."

Überprüfung von Konfliktlinien, die in der Literatur identifiziert wurden

Die Untersuchung der Konfliktlinien, die in der Literatur zu finden sind, erfolgt anhand des Materials der Untersuchung. Sehr hilfreich sind die Aussagen aus den Experteninterviews zu den im Interview besprochenen Konfliktlinien. Konfliktlinien sind dabei von den Interviewpartnern bestätigt, erklärt, konkretisiert oder auch nicht bestätigt worden. Zudem wird die Untersuchung der Unterschiede von Zielen, Konzepten, Grundannahmen und Werten herangezogen. Zu prüfen ist, ob die herausgearbeiteten Unterschiede die konkreten Konflikte im Fall erklären und mit den angenommenen Konfliktlinien aus der Literatur übereinstimmen.

Falls einige Interviewpartner die Konfliktlinien nicht verstehen oder als nicht zutreffend für das Fallbeispiel angesehen haben oder in der Auswertung kaum Widersprüche und Unterschiede erkennbar werden, sollten die eigenen Annahmen und Formulierungen noch einmal kritisch geprüft werden: Sind die angenommenen Konfliktlinien verständlich aufgeschrieben worden? Sind für Sie überraschende Ergebnisse aufgetaucht, z. B. Hinweise auf bislang übersehende Konflikte oder für die Akteure unbedeutende Konflikte? Gegebenenfalls müssen entweder (a) die Konfliktlinien verständlicher, präziser formuliert werden, oder (b) die überraschenden Aussagen und Erkenntnisse – andere Konflikte, kaum Konflikte – zusammengefasst und im Licht des Falles betrachtet werden.

Falls die in der Literatur gefundenen Konfliktlinien im konkreten Fall nicht sichtbar sind, muss geprüft werden, wie sich der spezifische Fall von den Bedingungen, die in der Literatur genannt werden, unterscheidet. Beispielweise wird ein Konflikt über Erhaltung versus Veränderung je nach Schutzstatus der Bauten (z. B. eingetragenes Denkmal) unterschiedlich sein. Ein anderes mögliches Beispiel ist der Konflikt über neue Lärmbelastungen, der in einem ansonsten ruhigen Wohnviertel anders verläuft als in einem ohnehin lärmbelasteten Quartier.

Fallbeispiel Zollverein, Konfliktlinie „Veränderung versus Erhaltung"

Viele Aussagen aus dem Material des Diskurses Denkmalschutz zeigen das Ziel, dass das Denkmal Zollverein mit seinen geschichtlichen Spuren als historisches Zeugnis erhalten bleiben soll. Eine Nutzung des Denkmals wird angestrebt, um Erhaltung und Vermittlung zu ermöglichen. Aus Sicht der Stadtentwicklung sollen mehrere Ziele erreicht werden: auf Zollverein sollen Arbeitsplätze entstehen. Zollverein soll als Wirtschaftsstandort wiederbelebt und genutzt werden und auch als Denkmal Besucher wie Investoren anziehen. Um die Differenzen beim Verständnis von „Erhaltung" und den damit verbundenen Konflikt etwas besser zu verstehen, hilft eine Betrachtung der Häufigkeit der Werte „Erhaltung" und „Authentizität". Folgendes wird deutlich: Der Wert „Erhaltung" findet sich in allen Diskursen; der Wert der „Authentizität" tritt jedoch nur im Kontext des Denkmalschutzes häufig auf (Details in Abbildung 9). Dies bestätigt den übergreifenden Wert der Erhaltung der Zeche Zollverein, macht aber auch deutlich, dass diskursübergreifend keine Erhaltung der Authentizität im Sinne des Denkmalschutzes gemeint ist.

5. Analyse der Vermittlungsprozesse

Vermittlungsprozesse erfolgen auf verschiedene Weise: durch die Anpassung von Diskussion, z. B. indem Teildiskurse ausgebildet werden; durch den Rückgriff auf gemeinsame, vermittelnde Werte oder auch durch längerfristige Veränderungen der Diskurse und ihrer Konstellation. All diese Fälle werden im Folgenden vorgestellt. Zuvor sei kurz auf Vermittlungen generell eingegangen.

Was sind Vermittlungen?

Bei Planungsprozessen in der Stadt treffen häufig unterschiedliche Anliegen und Interessen verschiedener Akteure aufeinander. Bleiben diese unterschiedlichen

Anliegen und Interessen unvermittelt nebeneinander bestehen, können Planungsprozesse entweder blockiert werden oder müssen autoritär von einzelnen Akteursgruppen durchgesetzt werden. Alternativ dazu können Vermittlungen gesucht und umgesetzt werden. Vermittlungen überbrücken die Differenzen der unterschiedlichen Anliegen und Interessen. Vermittlungen werden oft fallbezogen herausgearbeitet und ausgehandelt. Oft bedeuten sie Kompromisse für einzelne Akteursgruppen. Sie sind jedoch in der Regel *nicht* der kleinste gemeinsame Nenner, sondern stellen Handlungsalternativen zum Konflikt dar. Ähnlich der kreativen Leistung bei Planungsentwürfen können durch Vermittlungsprozesse neue Lösungen für die Planung erarbeitet werden. Analytisch betrachtet basieren Vermittlungsprozesse auf *(a) Teildiskursen, (b) vermittelnden Werten, oder (c) der Dynamik der Diskurskonstellation.*

Teildiskurse

Teildiskurse bilden sich heraus, wenn neue Aufgaben oder Herausforderungen zu bewältigen sind. Sie stellen Aktualisierungen von Kerndiskursen dar. Das heißt, sie weisen leichte Veränderungen im Vergleich zum Kerndiskurs auf. In der Regel werden Ziele und Konzepte neu justiert und Grundannahmen und Werte des Kerndiskurses ergänzt. Gleichzeitig bleiben Teildiskurse eng mit dem Kerndiskurs, insbesondere seinen Werten, verbunden. Die Aktualisierung von Diskursen durch die Ausbildung von Teildiskursen ist daher eine diskursinterne Auflösung von Konflikten und Widersprüchen, die aus dem diskursübergreifenden Austausch (Interaktion) von Akteuren und Diskursen entsteht. Die Aktualisierungen von Diskursen können auch über das Fallbeispiel hinaus, z. B. als *Good-practice-*Modell, regulative Wirkung haben. Um Teildiskurse im Fall herauszuarbeiten, helfen die zwei Fragen:

- Enthält ein Diskurs eine relevante, abgrenzbare Teilmenge (z. B. Kreativwirtschaft als Teildiskurs der Stadtentwicklungsplanung)?
- Unterstützt der Teildiskurs Vermittlungsprozesse?

Oft können aufgrund der Anpassung der Diskurse über Teildiskurse gemeinsame Ziele für verschiedene Diskurse formuliert werden. Gemeinsame Ziele sind eine wichtige Grundlage der Zusammenarbeit in der planerischen Praxis.

Fallbeispiel Zollverein

1) Teildiskurs Kreativwirtschaft im Diskurs Stadtentwicklung. Der Diskurs Kreativwirtschaft hat sich im Fall Zollverein nicht als eigenständiger Diskurs bestätigt; erkennbar wurde vielmehr, dass in diesem Fall die Stadtentwicklungsplanung Kreativwirtschaft als Teildiskurs enthält. Der Diskurs Stadtentwicklung zielt im Kern auf eine wirtschaftliche Entwicklung und lebenswerte Stadt für die Menschen vor Ort. Entsprechend sind wirtschaftliche Werte, Image, soziale Integration, Nachhaltigkeit und Visionen maßgeblich. Politik und Administration sowie privatwirtschaftliche Akteure haben ein Interesse daran, von ihren Investitionen zu profitieren, sei es durch neue Arbeitsplätze, weiteres Investment oder mehr Besucher. Der Diskurs Stadtentwicklung weist im Prinzip viele Teildiskurse aus, z. B. über Gentrifizierung, oder soziale Stadtentwicklung. Mit dem Aufkommen der „kreativen Stadt" (Landry 2000) und der „kreativen Klasse in der Stadt" (Florida, 2005) sind Bezüge von Kreativwirtschaft und Stadtentwicklung hergestellt worden. Kultur und Kreativwirtschaft bilden im Fall Zollverein einen Teildiskurs der Stadtentwicklung: Kultur und Kreativwirtschaft werden als Kräfte einer positiven Transformation gesehen und sind als solche für die Stadtentwicklungsplanung zu nutzen. Damit werden auch weitere Werte wichtig, so *Bottom-up*-Prozesse, der Charakter eines Ortes, die Umnutzung und Zugänglichkeit.

Tabelle 4: Kerndiskurs Stadtentwicklung und Teildiskurs Kultur und Kreativwirtschaft dargestellt entlang der Kategorien Konzepte, Ziele, Grundannahmen und Werte

Kerndiskurs Stadtentwicklung			
Ziele	Konzepte	Grundannahme	Werte
Die Entwicklung und Prosperität der Stadt sowie die Schaffung einer lebenswerten Umgebung	u. a. Stadterneuerung Stadterweiterung Flächensanierung	Ständige Transformationen sind im Hinblick auf die Ziele zu steuern, um neuen Anforderungen zu begegnen.	Entwicklung Image Nachhaltigkeit Soziale Integration Visionen Wirtschaftliche Werte
Teildiskurs Kultur und Kreativwirtschaft			
Ziele	Konzepte	erweiterte Grundannahme	erweiterte Werte
Kultur und Kreativwirtschaft für die Stadtentwicklung nutzen	u. a. Revitalisierung	Kultur und Kreativwirtschaft sind Kräfte einer positiven Transformation.	Bottom-up-Charakter Umnutzung Zugänglichkeit

2) Teildiskurs Denkmalverträgliche Entwicklung im Diskurs Denkmalschutz: In dem Fall Zollverein besteht der Widerspruch zwischen Schutz und Erhalt des Denkmals einerseits und der Veränderung und Entwicklung andererseits. Dieser Widerspruch kann diskursintern durch die Ausbildung von Teildiskursen gelöst werden. Akteure des Denkmalschutzes definieren den Wert: denkmalverträgliche Entwicklung. Hier werden die Kernwerte des Diskurses Denkmalschutz um die Entwicklung erweitert. Gleichzeitig bleibt es wichtig, dass die Entwicklung denkmalverträglich ist, also die Denkmalwerte nicht gefährdet oder massiv beschädigt werden. Veränderung der historischen Substanz wird auf diese Weise ermöglicht. Hier findet eine Vermittlung im Hinblick auf Stadtentwicklung und Architekturproduktion statt. Ohne dieselbe wären viele Umnutzungen und Wege der Weiterentwicklungen des Areals blockiert. Gleichzeitig wird die Entwicklung durch das Attribut der Denkmalverträglichkeit so eingeschränkt, dass die Kernwerte des Diskurses Denkmalschutz, nämlich Authentizität und Integrität, weiter Anwendung in der Praxis finden. Damit ist diskursintern für den Denkmalschutz eine Lösung gefunden worden, um die Anliegen aus der Diskurskonstellation nach Veränderung und Entwicklung in die Planungen einzubeziehen. Durch ihre Verknüpfung möglicher Veränderung mit der Erhaltung der authentischen Substanz und visuellen Integrität bleiben jedoch auch Konflikte bestehen. Die Akteure anderer Diskurse verstehen Erhaltung weniger strikt: nämlich nicht gebunden an Authentizität und Integrität.

Vermittelnde Werte

Vermittelnde Werte sind Werte, die von mehreren Diskursen und ihren Akteuren getragen werden. Sie bilden die wichtigste Grundlage für diskursübergreifende Vermittlungen. Auf der Grundlage vermittelnder Werte (wie Nachhaltigkeit, Zugänglichkeit …) können Akteure unterschiedlicher Diskurse die Transformationen und Planungen gemeinsam bearbeiten. Um vermittelnde Werte herauszuarbeiten, werden sowohl die Häufigkeiten der Werte wie auch die Aussagen der Interviewpartner etc. herangezogen. Eine Aufstellung vermittelnder Werte kann tabellarisch erstellt und mit ihrer Relevanz (sehr wichtig, weniger wichtig …) für den Fall beschrieben werden. Zu fragen ist:

- Welche Werte tauchen oft und für unterschiedliche Akteure/Dokumente auf?
- Wo lösen diese Werte Konflikte bzw. Widersprüche?

Fallbeispiel Zollverein

Als mögliche vermittelnde Werte wurden in unserer Analyse alle Werte angesehen, die in jedem Diskurs in mindestens 50 % der Dokumente zu finden waren; d. h., die Hälfte aller Dokumente des Diskurses müssen den untersuchten Wert aufweisen (vgl. Frequenzanalyse in Kapitel 4). Hierbei zeigt sich die Erhaltung als wichtigster vermittelnder Wert. Viele Beispiele der Konfliktlösungen, die in den Experteninterviews genannt werden, beruhen auf dem gemeinsam getragenen Wert der Erhaltung. Weitere vermittelnde Werte sind in der folgenden Abbildung gefasst.

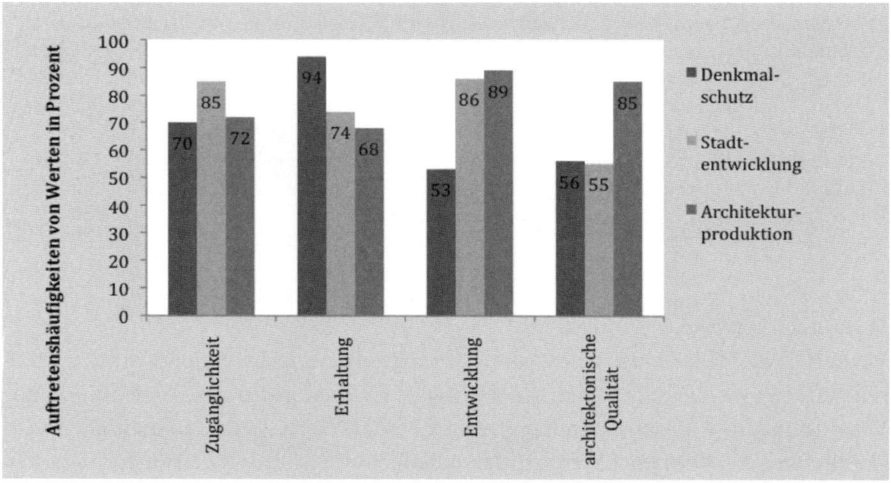

Abbildung 9: Auftretenshäufigkeiten von Werten (die in jeweils mehr als 50 % der Dokumente eines Diskurses genannt werden)

Dynamik der Diskurskonstellation

Vermittlungsprozesse erfolgen innerhalb bestimmter Diskurskonstellationen. Die Diskurskonstellation kann sich im Lauf der Zeit verändern, und damit auch der Vermittlungsprozess. Diese Dynamik hängt oft mit dem Planungsprozess zusammen, Vermittlungsprozesse können gar versanden. Daher ist zu fragen, wie die beobachteten Vermittlungsprozesse zeitlich betrachtet funktionieren. Im Prinzip lassen sich alle bisherigen Fragen der Analyse auch in Bezug zur Dynamik stellen. Damit wäre allerdings ein sehr großer Forschungsaufwand verbunden. Will man gezielt die Vermittlungsprozesse in ihrer Dynamik verstehen, sollte der Fragenkatalog begrenzt werden. Als hilfreich haben sich folgende Fragen erwiesen:

- Verändert sich die Konstellation der Akteure mit der Zeit?
- Verändern sich die Ziele mit der Zeit?
- Welche (neuen) Teildiskurse tauchen auf bzw. ab?
- Verändert sich die Frequenz der Werte mit der Zeit?

Mit einer veränderten Konstellation von Akteuren verschiebt sich häufig vieles in der Diskurskonstellation. Das Auftreten neuer Akteure ist oft auch mit neuen Konzepten, veränderten Zielen oder Werten verbunden. Das kann rückblickend durch die Dokumentenanalyse festgestellt werden, indem man die erfassten Kategorien durch die Jahreszahlen filtert. Oft geben auch die Interviewpartner über solche Veränderungen Auskunft, beispielsweise im Zusammenhang mit neuen Konflikten oder aber Konfliktlösungen. Manchmal gibt es auch Hinweise auf neue Dynamiken, die Vermittlungsprozesse verändern. So können wichtige Konzepte von einzelnen Akteuren formuliert, aber (noch) nicht in die Diskurskonstellation eingebracht oder von anderen Akteuren wahrgenommen werden. Aufschlussreich kann es auch sein, die Werte in ihrem dynamischen Erscheinen zu erfassen und zu analysieren. Diese Analysen müssen nicht unbedingt im Rhythmus von Jahr zu Jahr erfolgen, oft gibt es auch bestimmte zeitliche Abschnitte, in die sich die Prozesse des Falles sinnvoll gliedern lassen.

Fallbeispiel Zollverein

Die Transformationsprozesse im Fall Zollverein können entlang zentraler Konzepte und Situationen in drei Phasen gegliedert werden. Die erste Phase reichte bis 1999, dem Ende der Internationalen Bauausstellung Emscher Park (IBA), die 1999 ihre Abschlussausstellung auf Zollverein gezeigt hat. Gleichzeitig wurden in dem Jahr wichtige zukunftsweisende Dokumente erstellt, z. B. die „Denkschrift Zollverein 2010". Die zweite Phase dauerte von 2000 bis 2002. In dieser Zeit wurde der Masterplan Zollverein formuliert, die Unterschutzstellung abgeschlossen und Zollverein als UNESCO-Weltkulturerbe anerkannt. Zudem wurde eine große Investitionssumme europäischen Geldes beantragt und bewilligt. Die dritte Phase dauerte von 2002 bis 2010. Das Jahr 2010 markiert das Ende des Untersuchungszeitraums. Betrachtet man die Ziele, so kann folgende Dynamik der Diskurskonstellation erkannt werden: Im Diskurs Denkmalschutz ist nach 2003 die Öffnung von Zollverein kein weiteres Ziel mehr, weil es erreicht ist. Im Diskurs Stadtentwicklung werden sukzessiv zuerst Kultur und Kreativwirtschaft und sodann die Immobilienentwicklung in die Ziele integriert. In den Zielen des Diskurses Architekturproduktion erscheinen nach 2000 das Schaffen neuer Räume und die architektonische Qualität. Dabei sind die Konsequenzen für die Vermittlung jeweils unterschiedlich: je mehr sich die Ziele überlappen, wie in der ersten Phase, desto einfacher ist eine Vermittlung der zugrunde liegenden unterschiedlichen Werte und Grundannahmen.

Tabelle 5: Dynamik der Diskurskonstellation im Fallbeispiel Zollverein

Diskurse / Zeitperioden	Denkmalschutz	Stadtentwicklung	Architekturproduktion
1987–1999	Schutz, Erhaltung und Vermittlung des Denkmals Zollverein sowie eine denkmalverträgliche Nutzung und Öffnung	Durch neue Nutzungen und Öffnung soll Zollverein erhalten bleiben und der Stadtteil aufgewertet werden. Langfristig geht es um die Entwicklung und Prosperität der Stadt sowie die Schaffung einer lebenswerten Umgebung.	Zollverein wird erhalten, sinnvoll umgenutzt, saniert und repariert.
2000–2002	Schutz, Erhaltung und Vermittlung des Denkmals Zollverein sowie eine denkmalverträgliche Nutzung und Öffnung	Durch neue Nutzungen, Öffnung, wirtschaftliche Entwicklung – insbesondere als Standort für Kultur und Kreativwirtschaft – soll Zollverein erhalten bleiben und der Stadtteil aufgewertet werden.	Zollverein wird erhalten, sinnvoll umgenutzt und entwickelt. Mittels Entwurf und Design entstehen neue Räume und architektonische Qualität.
2003–2010	Schutz, Erhaltung und Vermittlung des Denkmals Zollverein sowie eine denkmalverträgliche Nutzung und Öffnung	Durch neue Nutzungen, Öffnung, wirtschaftliche Entwicklung als Standort für Kultur und Kreativwirtschaft – und Immobilienentwicklung – soll Zollverein erhalten bleiben und der Stadtteil aufgewertet werden.	Zollverein wird erhalten, sinnvoll umgenutzt und entwickelt. Mittels Entwurf und Design entstehen neue Räume und architektonische Qualität.

6. Diskussion der Forschungsrelevanz

In dem abschließenden Schritt der Analyse soll die Forschungsrelevanz der eigenen Arbeit herausgearbeitet werden. Die Forschungsrelevanz lässt sich – je nach Kontext der Forschung – auf bis zu drei Dimensionen darstellen:
- ein vertieftes Fallverständnis (auch planerisch, gestalterisch oder technisch zu sehen)
- Handlungsempfehlungen für Auftraggeber bzw. Akteure
- der wissenschaftliche Beitrag

Wir sollten uns bewusst sein, dass diese Dimensionen unabhängig voneinander gesehen werden müssen. Gute Handlungsempfehlungen stellen als solche noch keinen wissenschaftlichen Beitrag dar. Dasselbe gilt umgekehrt: eine wissenschaftlich relevante Erkenntnis ist noch keine Handlungsempfehlung. Das Gleiche gilt mit Blick auf das Fallverständnis: ein vertieftes Fallverständnis ist nützlich sowohl aus praktischer wie wissenschaftlicher Sicht, ist aber in dieser wie jener Hinsicht nicht hinreichend.

➔ Hinweis: Es ist i. d. R. nicht nötig, alle drei Dimensionen zu bedienen. Ein wissenschaftlicher Beitrag muss keine Handlungsempfehlungen enthalten und muss auch das Fallverständnis nicht befördern.

Auf allen drei Dimensionen gibt es einen vorhandenen *Stand der Forschung*. Diesen gilt es zu erfassen und darzustellen. Der eigene Beitrag sollte den Stand der Forschung voranbringen!

Relevanz für den Fall: Verständnis, Konzeptionsstand, Technikhöhe …

Die zentrale Frage lautet:
- Schafft meine Arbeit ein vertieftes Fallverständnis?

Wenn es darum geht, Stadtquartiere nachhaltig weiter zu entwickeln, ist es wesentlich, erst einmal zu verstehen, wie das bestehende Quartier funktioniert: Wer lebt, wer arbeitet dort? Welche wirtschaftlichen Aktivitäten finden sich dort? Wie ist die Daseinsvorsorge geregelt? In welchem Verhältnis steht das Quartier zum Rest der Stadt?

Für den Planer kann die Frage auch lauten:
- Schafft meine Arbeit einen neuen konzeptionellen Stand?

Die eigene Arbeit muss die vorformulierten Fragen beantworten, z. B.: Wie erreicht man eine bessere Verkehrsanbindung des Quartiers oder auch eine effizientere Raumausnutzung, eine verbesserte Aufenthaltsqualität, eine höhere Durchmischung der sozialen Gruppen etc.?

Relevanz für den Auftraggeber und die Akteure: Handlungsempfehlungen
Im Fall von Auftragsforschung, z. B. für eine Behörde, hat die Erfüllung des Auftrags oberste Priorität. Es stellen sich die Fragen:

- Habe ich den Auftrag erfüllt?
- Sind die Handlungsempfehlungen wesentlich (akteursspezifisch, neu, konkret, mit effizienten Maßnahmen …)?

Wenn wir Handlungsempfehlungen ernst nehmen, sollten daraus wirkliche Handlungen folgen können. Die Handlungsempfehlungen sollten aus Sicht des Auftraggebers konkret und interessant genug sein. Generelle, akteursunspezifische Handlungsempfehlungen („mehr auf soziale Gerechtigkeit achten") haben oft keine Handlungsrelevanz.

Relevanz für die Wissenschaft: Generalisierungen und neuer Stand der Forschung
Aus wissenschaftlicher Sicht sind folgende Fragen relevant:

- Sind die Ergebnisse generalisierbar?
- Ergibt sich ein neuer Stand der Forschung?

Es ist nötig, Anschluss an die bestehende Forschung zu schaffen und diese voranzubringen.

Fallbeispiel Zollverein

Erkenntnisse unserer Forschung zu Zollverein in Bezug auf den Denkmalschutz (Beispiel): Diskurskonstellationen der planerischen Praxis verändern den Denkmalschutz in den untersuchten Kategorien (Grundannahmen, Konzepte, Ziele und Werte). Damit schließen sich die Ergebnisse dieser empirischen Forschung an eine Erkenntnis aus der Arbeit von Hauser (2001) an. Demnach findet der Umgang mit den Artefakten des industriellen Erbes seine Grenzen nicht an dem, was „Denkmal oder Denkmalschutz ist, sondern an den Kosten der Erhaltung, (…) an den möglichen wirtschaftlichen Erfolgen, die von einer Musealisierung zu erwarten sind" (Hauser 2001, S. 286). Dies hat, so Hauser, für Erhaltungsansprüche wie für den Denkmalschutz Folgen: Erhaltungsansprüche werden vielerorts erst mit Verfall der Substanz unterstützt, während sich der Denkmalschutz in Ressourcenökonomie auflöst (a. a. O.). Das heißt, es ist einfacher geworden, allgemeine Erhaltungsansprüche zu realisieren, gleichzeitig aber verschwindet der Denkmalschutz mit seinem Kernanliegen. Die Forschung über die planerische Praxis von Zollverein zeigt, dass dort Ressourcenökonomie als eine Verwertung ästhetischer Qualitäten verstanden wird. Der Denkmalschutz wird lediglich genutzt, um eben diese Qualitäten von historischen Bauten zu erhalten. Dieses Verständnis von Erhaltung schwächt das Kernanliegen des Denkmalschutzes, da historische Substanz wertgeschätzt, aber nicht in ihrer Authentizität und Integrität geschützt und gepflegt wird. Dies dient den Grundannahmen der Diskurse Stadtentwicklung, Kreativwirtschaft und Architekturproduktion.

Erkenntnisse unserer Forschung zu Zollverein in Bezug auf das UNESCO-Weltkulturerbeprogramm (Beispiel): Unsere Forschung bestätigt die vielerorts formulierte Notwendigkeit, unterschiedliche Perspektiven im Umgang mit dem Erbe wahrzunehmen und in die Bemühungen um den materiellen Erhalt einzubinden. Diese Notwendigkeit gilt nicht zuletzt für die Einbindung zeitgenössischer Architekturproduktionen, die bei der UNESCO seit einigen Jahren als kultureller Ausdruck einen, wenn auch umstrittenen, Wert im Kontext von Schutz und Erhaltung des Erbes erhalten haben (Bandarin, 2006). Unsere Forschungsarbeit weist zudem empirisch nach, dass der Umgang mit dem Erbe immer auf Interpretationen desselben beruht, d. h. auf Bedeutungszuweisungen, die wertgebunden sind. Diese sind, wie die Diskursanalyse anschaulich gemacht hat, in bestehenden Diskursen verankert, die sich als unterschiedliche Perspektiven der planerischen Praxis zeigen.

7. Verschriftlichung

Mit der Verschriftlichung sollte man am besten gleich zu Projektstart beginnen. Die Verschriftlichung trägt zur Klärung der eigenen Gedanken sowie zur Dokumentation des Projektes bei. Ein sinnvoller Ansatzpunkt ist das Exposé (vgl. Kasten 4 in Kapitel 2).

Für den Schlussbericht macht es einen Unterschied, ob ein wissenschaftlicher Beitrag geleistet werden soll oder ein Auftrag abgearbeitet wird. Im ersten Fall ist das Vorbild bzw. das Ziel ein wissenschaftlicher Artikel; er richtet sich an andere Wissenschaftler. Im zweiten Fall handelt es sich um einen professionellen Bericht, er richtet sich an den Auftraggeber. Der professionelle Bericht orientiert sich am Auftrag: der Auftrag definiert ein Problem, das mit einem Projekt erfolgreich bearbeitet wurde. Der wissenschaftliche Artikel muss den Anschluss an die Wissenschaft aufzeigen und den Beitrag der eigenen Ergebnisse begründen. Tabelle 6 skizziert die Unterschiede und Gemeinsamkeiten

Tabelle 6: Wissenschaftlicher Artikel vs. professioneller Bericht

	Wissenschaftlicher Artikel	Professioneller Bericht (auch Berichte für Projekte jeglicher Art)
1	Abstract (z. B. 200 Wörter): wissenschaftliche Zusammenfassung	Executive Summary (1 Absatz – 5 Seiten): kurz das Wichtigste für den Auftraggeber
2	Fragestellung: abgeleitet aus der Wissenschaft	Auftrag: am besten wörtlich wiedergeben (in der letzten verbindlichen Fassung)
3	Stand der Forschung	Stand der „Technik"/Forschung
4	Hypothesen bzw. engere Fragestellung	Gewählter Ansatz
5	Methode (kurz, für Fachleute)	Methode (kurz)
6	Ergebnisse	Ergebnisse (Auftrag erfüllt)
7	Diskussion: Was ist der neue Stand der Forschung unter Berücksichtigung der Ergebnisse?	Handlungsempfehlungen

Der Aufbau eines wissenschaftlichen Artikels und eines professionellen Berichtes ähneln sich. Die grobe Abfolge ist:

- Worum geht es? Auftrag, wissenschaftliche Fragestellung
- Methoden: meist kurz, außer man hat eigene Methoden entwickelt
- Ergebnisse
- Fazit: Handlungsempfehlungen (Auftrag), Diskussion (wissenschaftlicher Beitrag)

Hinzu kommt in beiden Fällen eine Art Zusammenfassung. Beim wissenschaftlichen Artikel ist dies der sog. Abstract. Der Abstract dient anderen Wissenschaftlern zur Orientierung und erscheint z. B. in bibliografischen Datenbanken. Das Executive Summary ist eine Kurzfassung für Entscheidungsträger. Oft lesen die Auftraggeber nur die Zusammenfassung bzw. das Executive Summary. Daher sollte man dieses mit Sorgfalt verfassen. Für jede Zusammenfassung gilt: sie muss einen kurzen Überblick über die Forschung geben und dem Leser neugierig auf die Forschung machen.

➔ Hinweis: Unbedingt zu vermeiden sind Zusammenfassungen im Stile eines Teasers. Überzeugen Sie durch die konkrete Darstellung Ihrer Forschung, und nicht indem Sie stilistisch Spannung zu wecken versuchen. Statt „In diesem Beitrag lesen Sie von wichtiger Forschung mit ausgesuchten Methoden und relevanten Ergebnissen" sollten Sie z. B. schreiben „Der Beitrag berichtet von Forschung über die Folgen von ethnischer Segregation für die städtische Grünflächenplanung. Die Erhebungen erfolgten über Interviews mit Kiez-Anwohnern und Behördenvertretern in Berlin-Neukölln. Zentrales Ergebnis ist …"

KAPITEL 4: TEILMETHODEN. EXPERTENINTERVIEWS, DOKUMENTENANALYSE, PLANANALYSE, FOKUSGRUPPE

In den Sozialwissenschaften tobt eine heftige Auseinandersetzung zwischen Verfechtern qualitativer versus quantitativer Ansätze. Qualitative Ansätze nutzen interpretative Verfahren wie Interviews und Dokumentenanalyse. Quantitative Ansätze nutzen repräsentative Erhebungen und statistische Auswertungsverfahren. Aus Sicht des qualitativen Ansatzes arbeiten quantitative Ansätze fern vom Subjekt und sind ungeeignet, um Sinnzusammenhänge des sozialen Handelns zu erfassen. Aus Sicht des quantitativen Ansatzes sind die Ergebnisse qualitativer Ansätze schwer verallgemeinerbar und daher wissenschaftlich bedenklich. Der Streit wird von manchen mit einer Grundsätzlichkeit ausgetragen, die aus einer Methodologiefrage eine ganze Weltanschauung macht.

Im Zusammenhang mit Planungsprozessen ist dieser Methodologiestreit wenig nützlich. In der Planung wie auch in der Planungsforschung haben wir es selten mit einer einzelnen Sorte an Verfahren zu tun. Bei genauer Betrachtung betrifft die Unterscheidung quantitativ vs. qualitativ zudem nicht nur Verfahren der Datenerhebung, sondern auch die Daten selber sowie die Art der Auswertung. Fassen wir Daten als das Material wissenschaftlicher Forschung auf, so können wir unterscheiden zwischen:

- Daten, die in quantifizierter Form vorliegen: z. B. Mengen, Zahlen, Einheiten …
- Daten, die nicht in quantitativer Form vorliegen: z. B. Beobachtungen, Texte, Aussagen …

Die Daten lassen sich unterschiedlich erheben: z. B. kann man Verkehrsaufkommen durch das Zählen von Fahrzeugen erheben, man könnte aber auch teilnehmende Beobachtungen vornehmen oder Anwohner befragen. Gewiss, Datenart und Datenerhebung sind oft nicht zu trennen. Zahlen sind in der Regel bereits das Ergebnis von Messung. Bei Planungsprozessen liegen jedoch viele Daten bereits vor. Es wäre wissenschaftlich unklug, Daten nicht zu nutzen, nur weil sie in einem unpassend scheinenden Format vorliegen.

Abbildung 10 bietet einen Überblick, wie Daten, Erhebung und Auswertung zusammenhängen. Es ist keineswegs so, dass qualitative Daten nur qualitativ erhoben und ausgewertet werden können. Um nur ein Beispiel zu nennen: Man kann aus einer Menge an Texten, die zum Lesen zu aufwendig wäre (z. B. Tausende

Seiten Planungsunterlagen), systematisch Stichproben ziehen und zählen, wie oft welche Kategorie an Planungstext vorkommt (Bewilligungen, Einsprüche, Gutachten …). Die Daten könnte man interpretativ zusammenfassen und bewerten (z. B. als „kritisches" Bauprojekt mit vielen Einsprüchen). So hätte man qualitative Daten quantitativ erfasst und qualitativ ausgewertet. Man könnte auch eine quantitative Auswertung vornehmen und testen, ob in diesem Fall zufällig Einsprüche o. Ä. vorkommen. Ein in dieser Art methodisch offenes Vorgehen zählt man zum Ansatz der sog. Mixed Methods (Kuckartz, 2014; vgl. auch Kastin, 2008).

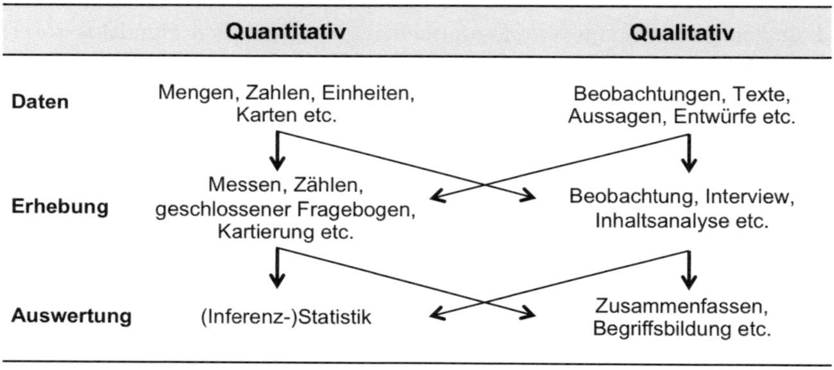
Quantitativ
Qualitativ
Daten
Mengen, Zahlen, Einheiten, Karten etc.
Beobachtungen, Texte, Aussagen, Entwürfe etc.
Erhebung
Messen, Zählen, geschlossener Fragebogen, Kartierung etc.
Beobachtung, Interview, Inhaltsanalyse etc.
Auswertung
(Inferenz-)Statistik
Zusammenfassen, Begriffsbildung etc.

Abbildung 10: Quantitativ und/oder qualitativ: Daten, Erhebung, Auswertung

Im Folgenden stellen wir vier Erhebungsmethoden vor:
- Experteninterviews
- Dokumentanalyse
- Plananalyse (eine Variante der Dokumentenanalyse) und
- Fokusgruppen

Experteninterviews und Dokumentenanalyse sind für die synchrone Diskursanalyse unverzichtbar. In der Regel sollten Sie auch versuchen, den öffentlichen Diskurs zu verfassen. Hierzu müssen Sie Anwohner und Vertreter von Interessengruppen interviewen. Wir schlagen als Erhebungsmethode die Fokusgruppe, d. h. ein moderiertes Gruppeninterview, vor. Alle Erhebungsmethoden erfordern eine sorgfältige Vorbereitung, insbesondere müssen Sie für Experteninterviews und Fokusgruppen Leitfäden erstellen. Davon unabhängig ist es ratsam, explorierende Gespräche mit Experten und Anwohnern zu führen, um ein Fallverständnis zu gewinnen. Trennen Sie aber immer die Exploration von der eigentlichen Datenhebung mittels Experteninterview etc.

Experteninterviews

Experteninterviews sind eine wichtige Teilmethode bei der synchronen Diskursanalyse. Im Folgenden wird diese Teilmethode mit den wichtigsten Hinweisen eingeführt, eine ausführlichere Darstellung ist bei Mieg und Näf (2006) bzw. Mieg und Näf (2005)[1] zu finden. Kasten 6 gibt eine Übersicht zum generellen Vorgehen bei einem hypothesengestützten Experteninterview. Es folgen nun einige Grundsätze zum Experteninterview, sodann Hinweise, wie Sie das Experteninterview im Zusammenhang mit einer synchronen Diskursanalyse anwenden können. Dies betrifft zum einen die Zuordnung von Experten zu Diskursen, zum anderen eine entsprechende Konstruktion von Leitfäden.

Was ist ein Experte? Gehen wir von der Forschung über Expertenwissen aus, so zählt als Experte eine Person, die sich mindestens zehn Jahre intensiv mit einem Fall bzw. einem Fachbereich befasst hat (vgl. Ericsson et al., 2006). Professionelle Akteure wie Planer oder Vertreter von Behörden können solche Experten sein. Aber auch andere Akteure wie Sprecher einer Initiative oder Nutzer der von der Planung betroffenen Räume sind Experten, wenn sie sich über einen langen Zeitraum mit dem Fall beschäftigt haben. Manchmal ist ein Fall noch keine zehn Jahre alt bzw. niemand hat sich bislang mit diesem Fall befasst, dann ist es wichtig zu klären, worin das Expertenwissen bestehen kann und mit wem wir sprechen könnten.

Kasten 6: Kurzanleitung zum Experteninterview (Mieg & Näf, 2006, Downloadversion, S. 10)

1. *Von der leitenden Forschungsfrage zu den Hypothesen*

Vorfrage: Habe ich genug Vorwissen zum Thema, um auf dem Wissensniveau von Experten Fragen stellen zu können?

- Thema/Sache vorstrukturieren: das eigene Interessenfeld abstecken
- Fragestellung entwerfen: Was ist die **leitende Forschungsfrage**?
- Hypothesen formulieren (persönliche Erwartungen? wahrscheinliche Antworten der Experten?)

2. *Der Experte/die Expertin*

Vorfrage: Welche Person verfügt über ausreichend **erfahrungsgestütztes Wissen**, welches die Fragen zu meinen Hypothesen beantworten kann?

- Die Person anschreiben und anrufen: Ziel und Inhalt meiner Forschung darlegen; Transparenz
- Akzeptiert die angefragte Person die Rolle als Experte? Falls nein → kein Interview
- Ist die angefragte Person auch wirklich Experte für meine Fragestellung? Falls nein → kein Interview
- Den Betriebskontext des gewählten Experten berücksichtigen: Funktion, Status, Art der Institution ...?

1 Auch als Download via www.mieg.ethz.ch/education

3. *Leitfaden*
Leitfaden konstruieren
Einteilung: Einstiegsfragen; Frageblöcke gemäß der Themen und Unterthemen; Dank
- Abfolge der Frageblöcke gemäß der Sachlogik festlegen; die voraussichtliche Gesprächsdynamik bedenken („heikle" Fragen zuletzt)

Funktionskontext der Befragung berücksichtigen: Wie reagiert die Person auf mich als Interviewer? Was erwartet sie von mir?
- Sachlichkeit anstreben: direkt und klar fragen, keine (tiefen-)psychologischen Fragen stellen!

Mögliche Antworten überlegen; falls Antwort auf eine Frage eindeutig → Frage neu überlegen
- Vortest

4. *Planung und Durchführung der Datenerhebung*
Planung
- Vorinformation an Experten: z.B. Anschreiben, E-Mail oder Fax mit Fragenauswahl; sich von Experten Einverständnis zum Rahmen der Fragen geben lassen
- Termin vereinbaren und Gesprächsdauer festlegen (i.d.R. **1 Stunde**). Sollte aufgrund widriger Umstände Zeitdruck zu erwarten sein: neuen Termin ausmachen (wenn möglich)

Durchführung
- **Protokollieren**: Tonband- und Handprotokoll, inkl. Angaben zu Zeit, Ort, Teilnehmern
- wichtige Beobachtungen notieren: Störungen, neue Fragen
- Schluss: Gelegenheit zum Rollentausch geben: Was möchten Sie von mir wissen?

5. *Auswertung*
- Gibt es „leere" Aussagen? (andere Antwort nicht möglich)
- Antworten auf Hypothesen
- Antworten auf die leitende Forschungsfrage
- Antworten, die das Thema in neuer Struktur erscheinen lassen (Theoriebildung)

6. *Veröffentlichung*
- Wünschen Befragte anonym zu bleiben?
- Autorisierung von Zitaten: falls von Befragten oder zur eigenen Absicherung gewünscht

Ziele des Experteninterviews: Ein gelungenes Experteninterview ist ein Fachgespräch. Bei Experteninterviews sollte man davon ausgehen, dass Interviewer und Interviewpartner *beide* über hinreichendes Expertenwissen verfügen und sich über konkrete Sachverhalte austauschen können. Die Experteninterviews leisten zweierlei: Hier können die Thesen über Konfliktlinien mit den Experten des Fallbeispiels diskutiert, überprüft und unter Umständen mit konkreten Situationen aus dem Fall belegt werden (Beispiele von Konflikten oder Vermittlungen). Zudem wird gezielt

Material erzeugt, z. B. zu Zielen, Konzepten, Grundannahmen und Werten, welches für die weitere Analyse nötig ist.

Planung eines Experteninterviews: Es ist sinnvoll, mit einer ungefähr gleichen Anzahl von Akteuren aller Diskurse zu sprechen. Insgesamt sollten 10–15 Interviews geführt werden. Die Interviewpartner sollten frühzeitig kontaktiert werden, um zu klären, ob sie bereit sind, ein Interview zu geben, und um einen passenden Termin zu finden. Circa eine Woche vor dem Interview sollten die Experten eine genaue Information bekommen, in welchem Forschungskontext das Interview stattfindet, in welcher Funktion die Experten interviewt werden und was das Thema und die Struktur des Interviews sind. Diese Informationen helfen dem Interviewpartner, sich vorbereiten zu können und eventuell auch weiteres Material zur Verfügung zu stellen.

Zuordnungen Interviewpartner – Diskurs

In der Vorbereitung der Experteninterviews werden die Interviewpartner Diskursen zugeordnet. Im Interview sollte der Interviewpartner eine Selbstzuordnung vornehmen können. Er kann mittels einer einfachen Abfrage sich selbst einem der vorgeschlagenen Diskurse zuordnen. Hier bietet es sich an, den in der Praxis gebräuchlichen Begriff der *Perspektive* zu verwenden. Meist ordnen sich die Akteure mehreren Perspektiven zu. Grund hierfür kann das „politisch korrekte" Verhalten sein: Architekten verstehen sich immer auch als Denkmalschützer, wenn sie ein Denkmal umbauen. Ein weiterer Grund liegt meist darin, dass die Akteure die anderen Diskurse in ihrer Arbeit wahrnehmen und berücksichtigen. Hier kann eine Unterscheidung zwischen dem wichtigsten Diskurs und weniger wichtigen Diskursen im Fragebogen helfen. Auf Nachfrage des Interviewpartners kann ein weiterer Diskurs ergänzt werden.
➔ Hinweis: Nutzen Sie die Diskurs-Selbstzuordnung der Interviewpartner, um Ihr bisheriges Wissen zu überprüfen: Warum war dieser Diskurs bislang nicht erfasst?

Fallbeispiel Zollverein

In der synchronen Diskursanalyse zum Fall Zollverein wurde die folgende Abfrage bezüglich der Zuordnung Interviewpartner-Diskurs formuliert:

Tabelle 7: Zu welcher Perspektive würden Sie sich mit Ihrer Arbeit im Umgang mit Zeche Zollverein zuordnen: welches ist die wichtigste Perspektive und welche sind auch wichtig bzw. weniger wichtig? Kreuzen Sie bitte an:

Perspektive	wichtig	auch wichtig	weniger wichtig
Denkmalschutz	☐	☐	☐
Stadtentwicklung	☐	☐	☐
Kreativwirtschaft	☐	☐	☐
Architekturproduktion	☐	☐	☐

Leitfaden

Der Leitfaden ist eine zentrale Hilfe, um das Interview strukturiert vorzubereiten, durchzuführen und auszuwerten. Er ist aufgebaut in Einleitung, Hauptteil und Schluss.

Einleitung: In der Einleitung erklären Sie, in welcher Funktion Sie den Interviewpartner befragen, und Sie stellen sich in Ihrer Funktion kurz vor. Sie führen die Diskurse ein, die Sie identifiziert haben, und erklären sie mit einfachen Worten. Schließlich geben Sie einen kurzen Überblick über die Struktur des Interviews. Beenden Sie die Einleitung mit der Gegenfrage: Haben Sie noch eine Frage vorab? Weisen Sie darauf hin, dass Sie das Interview aufzeichnen wollen, fragen Sie nach dem Einverständnis und erklären Sie die Regeln für eine eventuelle Veröffentlichung von Aussagen. Die Zitate werden immer dem Interviewpartner schriftlich vor der Veröffentlichung zur Autorisierung vorgelegt.

Hauptteil: Beginnen Sie mit zwei einfachen Fragen zu dem akademischen oder institutionellen Hintergrund des Interviewpartners. Hier soll die eigene Recherche kurz abgestimmt werden. Der Hauptteil bildet das Material für die Auswertung. Eine Gliederung in drei Teile hat sich als sinnvoll erwiesen: Teil 1 enthält Fragen zu Zielen, Konzepten, Grundannahmen und Werten. Der Teil 2 enthält Fragen zu Konflikten und Vermittlungen, im Teil 3 können noch mal spezifische Fragen zum

Fall gestellt werden. Für die Interviews empfiehlt es sich, die Konfliktlinien schriftlich dem Interviewpartner vorzulegen und ihm Zeit zu geben, sie zu lesen. Da Werte eine besonders wichtige Kategorie darstellen, sollten auch diese schriftlich abgefragt werden. Dies kann mithilfe einer Tabelle erfolgen.

Schluss: Das Interview wird wiederum mit einer Gegenfrage beendet, vielleicht möchte Ihr Interviewpartner noch etwas ergänzen. Ein herzlicher Dank sollte ganz am Ende des Gesprächs Ihrem Gegenüber gelten.

Es ergibt sich folgende allgemeine Struktur des Leitfadens:

- Vorstellung
- Einleitung: 2–3 einleitende Fragen (zu Person und Funktion)
- Teil 1: Ziele, Konzepte, Werte und Grundannahmen
- 4–5 Fragen zu den vier Kategorien und schriftliche Zuordnung zu Diskursen und Wertetabelle
- Teil 2: Konflikte und Verbindungen der Diskurse
- Vorlage der Konfliktlinien und 4–5 Fragen zu Konflikten und Vermittlungen
- Teil 3: Spezifische Fragen
- 2–3 spezifische Fragen
- Weitere Punkte aus Sicht des Interviewpartners und Dank

➔ Hinweise:

Strukturieren: Sie können das Experteninterview auch für andere Fragestellungen verwenden. In jedem Fall sollten Sie jedoch eine Struktur vorgeben. Vorschlag: Untergliedern Sie Ihren Inhalt in drei Teile, maximal fünf Teile (ohne Einleitung und Schluss). So können Sie und der Experte den Überblick bewahren, wann welches Thema zur Sprache kommt.

Nicht zu lang: Vor dem ersten Interview ist der Leitfaden auf seine Verständlichkeit und Länge zu prüfen. Dies kann mithilfe einer befreundeten Person als Testinterviewpartner passieren. Mehr als 60 min. sollte das gesamte Interview nicht dauern (inklusive Ankommen, Begrüßung und Verabschiedung).

Lassen Sie den Experten Beispiele nennen: Das Interviewgespräch zielt darauf, konkrete Antworten auf die konkreten Fragen zu erhalten. Oft können Beispiele die Aussagen der Interviewpartner konkretisieren, fragen Sie danach.

Wenn der Experte, die Expertin zu lange spricht oder abschweift: Manchmal ist es auch nötig, den Interviewpartner bei seinen Ausführungen zu unterbrechen und auf die weiteren Fragen, wo dies thematisiert wird, zu verweisen.

Konkret: Je direkter und klarer die Antworten auf die Fragen sind, umso zielführender kann die Auswertung der Interviews erfolgen. Stellen Sie nötigenfalls einige W-Fragen: „Was genau …?“, „Wer, wie, wann genau …?“

Transkription

Zwischen Durchführung des Interviews und Auswertung liegt der Schritt der Transkription, d. h. der Verschriftlichung der Interviewaussagen. Dies kann hier in der direkten Übertragung des gesprochenen Wortes in das geschriebene Wort erfolgen. Damit müssen Wiederholungen von gleichen Aussagen oder Abschweifungen vom Thema weniger beachtet werden. Wichtig ist, jeweils die konkrete Antwort auf die Frage zu erfassen und zu verschriftlichen, beispielsweise die Antworten zur Frage nach den Zielen, die ein Interviewpartner mit seiner Aktivität in Bezug auf das Fallbeispiel verfolgt.

Fallbeispiel Zollverein (Auszüge)

EINLEITUNG: „Sie sind seit langer Zeit in die Umnutzungsprozesse auf Zollverein als Mitarbeiterin der Gesellschaft XYZ involviert. Aus diesem Grunde interessieren Sie mich als Interviewpartner. Ich führe dieses Interview im Rahmen eines Forschungsprojektes, dass die Transformationsprozesse umzunutzender Industrieareale aus unterschiedlichen Perspektiven untersucht."

...

FRAGEN ZU PERSON UND FUNKTION: „Soweit ich weiß, haben Sie als Mitarbeiterin der Stiftung XYZ Umnutzungsprozesse auf Zeche Zollverein, insbesondere im Bereich der Kokerei mitgestaltet. Ist das richtig?"

...

TÄTIGKEIT (UND DISKURS): „1.1 Was sind Ihre konkreten Aufgaben in Bezug zu den Transformationsprozessen auf Zeche Zollverein seit ihrer Stilllegung?

- 1.2 Was sind die Ziele, die Sie dabei verfolgen?
- 1.3 Mit welchen Konzepten arbeiten Sie?"

...

WERTE: „Was ist wichtig?: Bewerten Sie die Begriffe in Bezug zu Ihrer Arbeit im Umgang mit der Zeche Zollverein" (Tabelle 8)

Gewichtung ist wichtig: x ist nicht wichtig: – weder noch: 0	**Werte**	**Anmerkungen**
	Authentizität	
	Architektonische Qualität	
	Ästhetische Werte	
	Bottom-up-Prozesse	
	Charakter	
	Denkmalwerte	
	Erhaltung	
	Entwicklung	

	Image	
	Integrität	
	Kreativität	
	Nachhaltigkeit	
	Nutzung	
	Planung	
	Sensibilität	
	Soziale Integration	
	Wirtschaftliche Werte	
	Visionen	
	Zugänglichkeit	

…
KONFLIKTLINIEN: „2.1 Stimmen Sie den folgenden drei allgemeinen Konfliktlinien zu und können Sie diese mit konkreten Situationen (Konfliktbeispielen) auf Zollverein verbinden?
2.2 Wo sehen Sie weitere Lösungen der genannten Konflikte auf Zollverein?
2.3 Wo sehen Sie Ansätze auf Zollverein, die die unterschiedlichen vier Perspektiven verbinden?“
…
DETAILS: „3.1 Was verstehen Sie unter Authentizität?“

Dokumentenanalyse

Die Dokumentenanalyse ist eine wichtige Teilmethode der synchronen Diskursanalyse. Die Dokumentenanalyse kann qualitativ und quantitativ erfolgen, beide Varianten werden hier vorgestellt. Ein Sonderfall ergibt sich dann, wenn sehr viele Dokumente (z. B. aus einem Archiv) in kurzer Zeit gesichtet werden sollen. Hier empfiehlt sich eine systematische Zufallsauswahl. Auch dies stellen wir im Folgenden vor.

Sammlung, Erfassung: Für die Dokumentenanalyse werden möglichst viele Dokumente, die in Bezug auf die Forschungsfrage relevant sind, gesammelt. Dies können Strategiepapiere sein, politische Beschlüsse, Nutzungsprogramme, Berichterstattungen etc. sowie auch Interviews, Artikel etc. Die Dokumente werden über ihre Autoren und Institutionen Diskursen zugeordnet. Das Ziel ist es, möglichst viele Dokumente eines jeden Diskurses auswerten zu können. Bestenfalls gelingt es sogar, ungefähr gleich viele Dokumente für jeden Diskurs heranzuziehen. Sinnvoll ist über die Anzahl der zu analysierenden Dokumente eine Übersicht, z. B. mit einer Datenbank zu erstellen (z. B. *Access*), die Auskunft gibt über die Verteilung der erfassten Dokumente pro Jahr und pro Diskurs. Die Datenbank kann auch für die Herausarbeitung der Ziele, Konzepte, Grundannahmen und Werte der Dokumente sinnvoll genutzt werden. Dies wird im folgenden Abschnitt näher erläutert. Die Erfassung der Dokumente kann mit Hinweisen zu besonderen Ereignissen der Prozesse, wie Dokumente für Grundlagenentscheidungen etc., ergänzt werden.

Fallbeispiel Zollverein

Für Zollverein wurden insgesamt 225 Dokumente erfasst. Tabelle 9 zeigt die Verteilung der Dokumente nach Jahren und stellt sie in Bezug zur Geschichte von Zollverein. Leider ist in diesem Fall eine ungleiche Verteilung der Dokumente pro Diskurs entstanden.

Tabelle 9: Verteilung der Dokumente pro Diskurs und Jahr im Fallbeispiel Zollverein

Jahr	---- 1989	1990	1991	1992	1993	1994	1995	1996	1997	1998	1999	2000	2001	2002	2003	2004	2005	2006	2007	2008	2009	2010	Gesamt
Stadtentwicklung	2	0	3	6	4	7	2	5	4	1	11	1	3	11	8	4	2	2	3	7	7	7	100
Denkmalschutz	3	1	1	1	0	0	0	1	0	4	8	6	11	11	7	3	4	11	2	0	2	2	78
Architekturproduktion	0	1	0	0	0	2	0	2	2	0	3	1	0	7	1	0	2	5	4	3	3	11	47
Gesamt	5	2	4	7	4	9	3	8	6	6	24	8	16	31	16	8	9	21	17	16	17	27	225

Grundlagenentscheidung: Denkmal & neue Nutzungen

Zentrale Weichenstellungen

Fokussierung Standort für Kreativwirtschaft

Eröffnung entry/ Kohlenwäsche 2006

Europäische Kulturhauptstadt 2010

Datenbank: Die Dokumente spiegeln in ihren Aussagen die Ziele, Konzepte, Grundannahmen und Werte der Kerndiskurse wider. Sie zeigen darüber hinaus die konkreten Interaktionen der Diskurse in Bezug auf das Fallbeispiel auf. Sinnvollerweise wird für die Dokumentenanalyse eine kleine Datenbank angelegt, hier bietet sich u. a. das Programm *Access* an. Mit dieser Datenbank lassen sich mehrere Hundert Dokumente einfach erfassen und auswerten. Folgende Kategorien zur Erfassung und Analyse scheinen sinnvoll:

- Identitätsnummer (1– …)
- Textart (z. B. Strategiepapier und zentrales Dokument)
- Autor
- Institution
- Titel
- Jahr
- Diskurszuordnung
- Ziele
- Konzepte
- Grundannahmen
- Werte
- Kommentierung

➔ Hinweis: Kennzeichnen Sie mit „zentrales Dokument" Dokumente, die für den Fall und die zu untersuchende Forschungsfrage besonders wichtig sind. Diese Dokumente können später gesondert ausgewertet werden.

Um eine Erfassung durchzuführen, müssen die Texte gelesen und die relevanten Ziele, Konzepte, Grundannahmen und Werte herausgefiltert werden. Oft werden Ziele und Konzepte konkret benannt. Grundannahmen können häufig bei der Formulierung von Aufgaben erkannt werden, Werte zeigen sich im Text als das, was dem Autor oder den Autoren wichtig ist. Direkt verwendbare Aussagen können als Zitat in die Datenbank eingepflegt werden. Dies sollte jeweils gekennzeichnet sein, damit später in den eigenen Texten zur Forschung Plagiate vermieden werden.

Kasten 7: Wie identifiziere ich Ziele, Konzepte, Grundannahmen, Werte?

Ziele und Werte sind *normativ*: sie drücken etwas aus, was wichtig ist und sein soll, unabhängig davon, ob dies tatsächlich so ist. *Ziele* umschreiben dabei mögliche Zustände von Welt und verweisen auf Zukunft: dass ein Stadtteil prosperiert oder dass Architekturgesichtspunkte mehr Einfluss auf Stadtentwicklung gewinnen etc. *Werte* gelten unabhängig von konkreter Zeit und Raum, z. B. Ästhetik oder das Wohlergehen von Bürgerinnen und Bürgern. Ziele werden oft explizit benannt (während die dahinterstehenden Interessen nicht immer gleich sichtbar werden). Werte können explizit benannt sein, oft aber werden sie nur umschrieben; auf jeden Fall erfolgt eine Betonung von Wert und Wichtigkeit („Am Gebäude X darf nichts verändert werden!“, ein Hinweis auf Authentizität?).
Konzepte und Grundannahmen sind Instrumente zur Erfassung von Welt, sie sind *deskriptiv* und helfen, Zustände zu erfassen. *Konzepte* werden explizit benannt oder umschrieben (z. B. „behutsame Stadtentwicklung“, Wärmedämmverbundsystem), oft sind sie an anderer Stelle eingeführt worden. *Grundannahmen* sind Aussagen zu Annahmen, die schwer oder nicht prüfbar sind („Gebäude sind Teil der Stadtkultur“). Nicht jedes Dokument formuliert Grundannahmen. Zu jedem Diskurs finden sich i. d. R. Dokumente zu den Grundannahmen.

Auswertung: Die Datenbank erlaubt eine Auswertung der Dokumente entsprechend einer oder mehrerer der erfassten Kategorien. Über die Filterfunktion können beispielsweise die Ziele aus allen Dokumenten, die dem gleichen Diskurs zugeordnet wurden, angezeigt werden. Diese gefilterten Aussagesammlungen, im Programm *Access* heißen sie „Berichte“, sind die Grundlage für die Analyse. Die Analyse der Aussagesammlungen erfolgt auf zwei Weisen, erstens inhaltsanalytisch, zweitens deskriptiv-quantitativ, d. h. über eine Darstellung von Häufigkeiten und Verteilungen in den Dokumenten.

Inhaltsanalyse: Dokumente erschließen, Texte verstehen

Die Inhaltsanalyse dient zu einem wissenschaftlichen Verständnis von Texten und damit dem Erschließen des Inhalts der vorgefundenen Dokumente zu einem Fall. Inhalts- oder Textanalyse ist eine zentrale Methode qualitativer Sozialforschung. Hierzu gibt es Standardmethodenbücher (Früh, 2007; Flick, 2007). Im Folgenden seien drei wichtige Werkzeuge kurz eingeführt, die Sie einzeln oder in Kombination verwenden können:

Kategorisieren und *Codieren*: Definieren bzw. finden Sie die relevanten Kategorien, nach denen Sie die vorgefundenen Dokumente analysieren wollen. Dies können konkrete Wörter oder Begriffe sein – z. B. das Wort „Erhaltung“ – oder auch eine abstrakte Kategorie, z. B. „Wertung" (d. h., an dieser Stelle im Dokument wird eine Wertung vorgenommen). Wenn Sie Dokumente systematisch mit vorgegebenen Kategorien erfassen, spricht man von Codierung.

Zusammenfassen: Gehen Sie durch das Dokument und fassen Sie die relevanten Teile eines Dokumentes (Sätze, Abschnitte …) nacheinander zusammen! Verwenden Sie hierzu möglichst die vorgefundenen Wörter und Formulierungen! So erhalten Sie einen Kurztext von dem Dokument. Markieren Sie zitierwürdige Passagen.

Strukturieren: Texte haben i. d. R. eine Struktur, z. B. der Aufbau in: Einleitung -> Hauptteil -> Schluss. Machen Sie diese Struktur sichtbar, indem Sie den Teilen des Dokumentes Funktionen zuordnen, z. B. in der Form: Prämisse -> Schlussfolgerung. Auf diese Weise können Sie die Logik des Dokumentes erhellen.

Bei der Inhaltsanalyse im Kontext einer synchronen Diskursanalyse kann man in der Regel zwei Entdeckungen machen: Zum einen kann eine gewisse Bandbreite von Aussagen herausgefiltert werden, oftmals Varianten einer mehr oder weniger bestimmten Aussage. Zum anderen kann in der Regel festgestellt werden, dass sich Aussagen eines Diskurses innerhalb des untersuchten Zeitraums verändern. Beides ist für die Vermittlungsprozesse zwischen Diskursen relevant.

Fallbeispiel Zollverein

Die Analyse zweier Dokumente aus den Transformationsprozessen von Zollverein können hier als Beispiel herangeführt werden. Ein Dokument mit dem Titel „Zeche und Kokerei Zollverein" ist von Walter Buschmann, Mitarbeiter des Rheinischen Amts für Denkmalpflege, erstellt worden (Buschmann, 1998) und kann dem Diskurs Denkmalschutz zugeordnet werden. Der Text wurde in der zentralen Dokumentationsreihe deutscher Denkmäler veröffentlicht, hier in der Reihe „Bau- und Kunstdenkmäler des Rheinlandes", und stellt eine Inventarisierung dar. Inventarisierungen erfassen das Wissen über die Geschichte des Denkmals sowie den heutigen Bestand und definieren damit den historischen Wert des Denkmals. In diesem Fall wurden die Zeche und Kokerei mit all ihren Standorten seit der ersten Inbetriebnahme 1847 in ihrem städtebaulichen, architektonischen und technischen Bestand beschrieben. Der Text zielt auf die Unterschutzstellung als Denkmal und den Erhalt von Zeche und Kokerei in seiner technisch-industriellen und architektonischen Bedeutung. Das genutzte Konzept ist hier die Inventarisierung. Die Grundannahme ist, dass Zeche und Kokerei materielles Zeugnis einer industriellen Vergangenheit sind und, um es schützen und erhalten zu können, als solche dokumentiert und verstanden werden müssen. Erkennbare Werte sind: Authentizität, architektonische Qualität, Charakter, Denkmalwerte, Erhaltung, Integrität, Planung, Zugänglichkeit.

Ein ganz anderes Dokument ist die „Denkschrift Zollverein 2010", die 1999 von einer lokalen Arbeitsgruppe unter Leitung von Karl Ganser formuliert wurde (Arbeitsgruppe Zollverein, 1999). Diese Arbeitsgruppe ist dem Diskurs Stadtentwicklung zuzuordnen. Das Dokument ist ein für die Transformationsprozesse zentrales Dokument. Es handelt sich um ein konzeptionelles Strategiepapier. Ziel ist die Fortentwicklung als Wirtschaftsstandort unter Nutzung von Kreativwirtschaft. Die Konzepte sind: eine anzusiedelnde Designausbildung (school of design); eine Designausstellung; ein Designpark (spezifische Gewerbeflächen) und das Ruhr Museum. Aufbauend auf die bis dahin geleistete Erhaltung und Entwicklung als Denkmal und Kunststandort sollen vier weitere Bausteine die Transformationsprozesse bis 2010 prägen. Ziel ist die Fortentwicklung als Wirtschaftsstandort unter Nutzung von Kreativwirtschaft. Die Grundannahme ist: Ein Industrieareal mit Denkmalstatus wie im Fall von Zollverein lässt sich als Standort für neue, kreative und innovative Nutzungsformen definieren. Erkennbare Werte sind: Charakter, Design, Erhaltung, Entwicklung, Image, Kreativität, Nutzung, Planung, Visionen und Zugänglichkeit.

Frequenzanalyse: Untersuchung von Häufigkeiten
Es kann nützlich sein, die Häufigkeit des Auftretens bestimmter Analysekategorien in den untersuchten Dokumenten zu erfassen. Hierbei leitet uns die Annahme, dass häufig genannten Kategorien auch eine höhere Relevanz zukommt. Die Häufigkeit von Auftretens – über einen Zeitraum gemessen – bezeichnet man auch als Frequenz. Die beiden Tabellen 10 und 11 zeigen am Fallbeispiel Zollverein die Frequenz der beiden Werte *Authentizität* und *Erhaltung* in den untersuchten Dokumenten der Jahre bis 2010, getrennt nach Diskursen. In den Dokumenten zum Diskurs Denkmalschutz tauchen beide Werte sehr häufig auf und zwar 72 bzw. 73 mal. Jedoch nur der Wert *Erhaltung* findet mit derselben Häufigkeit in den Dokumenten zum Diskurs Stadtentwicklung (74 mal).

Jahr	---- 1989	1990	1991	1992	1993	1994	1995	1996	1997	1998	1999	2000	2001	2002	2003	2004	2005	2006	2007	2008	2009	2010	Gesamt
Denkmal-schutz	3	1	1	0	0	0	0	1	0	3	8	6	8	10	7	3	4	11	2	0	2	2	72 (78)
Stadtent-wicklung	0	0	1	3	2	4	0	2	1	1	6	0	0	3	1	0	0	0	0	3	3	1	31 (100)
Architek-turpro-duktion	0	0	0	0	0	1	0	0	1	0	1	1	0	2	0	0	1	0	2	0	0	4	13 (47)
Gesamt	3	1	2	3	2	5	0	3	2	4	15	7	8	15	8	3	5	11	4	3	5	7	116 (225)

Tabelle 10: In wie vielen Dokumenten zum Fall Zollverein erscheint der Wert Authentizität? Frequenz des Wertes Authentizität, gemessen als Häufigkeit in absoluten Zahlen (getrennt nach Diskursen)

Jahr	---- 1989	1990	1991	1992	1993	1994	1995	1996	1997	1998	1999	2000	2001	2002	2003	2004	2005	2006	2007	2008	2009	2010	Gesamt
Denkmal-schutz	3	1	1	0	0	0	0	1	0	4	8	6	8	10	7	3	4	11	2	0	2	2	73 (78)
Stadtent-wicklung	1	0	2	5	4	6	1	4	4	1	8	0	2	7	5	4	1	1	1	5	6	6	74 (100)
Architek-turpro-duktion	0	1	0	0	0	2	0	0	2	0	2	1	0	5	1	0	2	2	2	3	1	8	32 (47)
Gesamt	4	2	3	5	4	8	1	5	6	5	18	7	10	22	13	7	7	14	5	8	9	16	179 (225)

Tabelle 11: In wie vielen Dokumenten zum Fall Zollverein erscheint der Wert Erhaltung? Frequenz des Wertes Erhaltung, gemessen als Häufigkeit in absoluten Zahlen (getrennt nach Diskursen)

Die Häufigkeiten lassen sich auch relativ darstellen, und zwar betrachtet als Anteil der Dokumente, in denen eine bestimmte Kategorie auftaucht, an der Gesamtzahl der untersuchten Dokumente. In der Regel drücken wir solche Anteile als Prozente aus (d. h. Anteile von 100). Abbildung 11 zeigt die Häufigkeit der beiden Werte *Authentizität* und *Erhaltung* in den Dokumenten zu den vier Diskursen, betrachtet für den gesamten Zeitraum. Hier sieht man noch deutlicher als in den beiden Tabellen, dass Authentizität ein exklusiver Wert des Diskurses Denkmalschutz ist. Authentizität taucht in 92 % der Dokumente zum Denkmalschutz auf, jedoch höchstens 31 % in den anderen Diskursen rund um Zollverein.

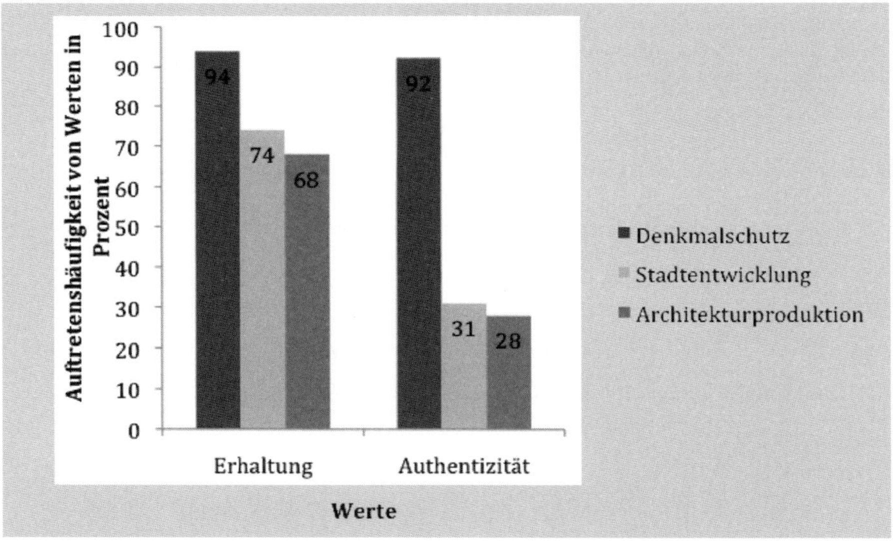

Abbildung 11: Auftretenshäufigkeit der Werte *Authentizität* und *Erhaltung* in den Diskursen: In wie vielen Dokumenten zu einem Diskurs tauchen die Werte *Authentizität* bzw. *Erhaltung* auf (in Prozent)?

Kasten 8: Statistischer Test mit Chi²

Wie ist die Verteilung der Ergebnisse für Authentizität zu bewerten? Kann die Schwankung unter den Diskursen, d. h. Ergebnisse zwischen 27,7 % (Architekturproduktion) und 92,3 % (Denkmalschutz) noch zufällig sein? Oder sehen wir hier reale Unterschiede zwischen den Diskursen? Hierzu können wir einen sog. Chi²-Test durchführen („Chi" ist der griechische Buchstabe c). Kernstück dieses Tests ist die Prüfung der Abweichung der gefundenen Häufigkeit von einem Erwartungswert. In unserem Beispiel liegt der Erwartungswert bei 51,6 %. Der Wert für die Architekturproduktion liegt deutlich darunter, der Wert für Denkmalschutz deutlich darüber. Bei der Architekturproduktion würden wir erwarten, dass Authentizität in 24 von den 47 Dokumenten erwähnt würde (statt nur in 13 Dokumenten). Für den Chi²-Test müssen wir diese Abweichungen (13 statt 24) berechnen, quadrieren und ins Verhältnis zum erwarteten Wert setzen (hier 24); die für alle Diskurse erhaltenen Werte summieren sich zum Chi²-Wert. Diesen Test können wir auch per Hand bzw. in Excel ausführen. Für Authentizität erhalten wir einen Chi²-Wert von etwa 38,5. Wir müssen nun prüfen, wie zufällig solch ein Wert ist, d. h., ob er im Bereich des Erwartbaren liegt. Ein Chi²-Wert von 38,5 zeigt, dass die erhaltene Verteilung sich in weniger als 1 Promille der möglichen Fälle rein zufällig ergäbe ($p < .001$, $df = 2$). Es ist extrem unwahrscheinlich, dass eine Verteilung wie in Abbildung 11 rein zufällig zustande käme; d. h., die Unterschiede müssen ernst genommen werden. Für „Erhaltung" liegt der Chi²-Wert bei rund 3,1. Dieser Wert könnte auch zufällig auftreten (in mehr als 20 % der möglichen Fälle). Informationen zum Chi²-Test finden sich in Standardmethodenbücher sowie im Internet.

Systematische Zufallsstichprobe

In der Regel sollten wir versuchen, *alle* Dokumente zu einem Fall zu untersuchen. In manchen Fällen ist dies nicht möglich, weil es viel zu viele Dokumente sind, z. B. in einem Archiv. Hinzukommt, dass wir manchmal nur begrenzt Zeit erhalten, um auf Dokumente zuzugreifen; dies ist z. B. bei Unternehmensarchiven üblich. In solchen Fällen müssen wir eine Zufallsstichprobe ziehen. Diese sollte systematisch erfolgen und auf unsere Fragestellung ausgerichtet sein.

Das Grundprinzip einer Zufallsstichprobe ist: Jedes Element hat dieselbe Wahrscheinlichkeit, in die Stichprobe zu gelangen. Hieraus ergeben sich zwei Fragen:
- Was sind die Elemente? Sind das ganze Dokumente? Oder einzelne Seiten?
- Was tun, wenn die ausgewählten Dokumente sich unpassend verteilen, z. B. wenn wir fast nur neuere Dokumente in der Stichprobe haben, wir aber eine Chronologie erfassen möchten?

Was sind die *Elemente*? Diese Frage müssen Sie mit Blick auf Form und Umfang der vorhandenen Dokumente beantworten. Es kann sein, dass alle Dokumente in

genormter Papierform vorliegen (A4) und nacheinander abgelegt wurden (z. B. in Ordnern). Dann könnten Sie einzelne Seiten entnehmen und analysieren. Wenn aber die Dokumente nur elektronisch als Dateien vorliegen, dann sollten Sie Dateien auswählen, d. h., die Dateien sind die Elemente.
Was tun, wenn die ausgewählten Dokumente sich unpassend verteilen? Wenn Sie eine Chronologie erstellen wollen und für jedes Jahr Dokumente benötigen, dann sollten Sie die Zufallsstichprobe einer *Systematik* unterwerfen und z. B. für jeden gewünschten Zeitabschnitt eine bestimmte Zahl an Dokumenten auswählen. Nicht in allen Jahren wurden gleich viele Dokumente erstellt. Für Dokumente aus Jahren mit insgesamt wenigen Dokumenten steigt bei einer systematischen Auswahl die Wahrscheinlichkeit, in die Stichprobe zu gelangen. Dies ist gerechtfertigt, wenn Ihr Forschungsziel eine Chronologie ist. Ebenso könnte jede andere Systematik ins Spiel kommen, z. B. eine Trennung nach Quellen (Ämter vs. Planungsbüros). Hier gilt der generelle Ansatz: Stellen Sie Ihr Vorgehen transparent und nachvollziehbar dar. Dann können andere Ihr Vorgehen verstehen und ggf. mit Ihnen diskutieren.

Fallbeispiel Zollverein

Im Fall Zollverein bestand die Möglichkeit, für einen kurzen Zeitraum Einblick in die Aktenlage eines Akteures, bestehend aus 14 Aktenordnern und einigen Planmappen, zu erhalten. Zentrale Dokumente wurden für eine qualitative Analyse von Begriffen herausgefiltert. Der gesamte Aktenbestand wurde unter Anwendung einer systematischen Zufallsauswahl ausgewertet. Folgendes Verfahren wurde gewählt:
Nach dem Zufallsprinzip wird jede 15. Seite herausgefiltert. Von jeder gewählten Seite werden die ersten 20 Substantive erfasst, hierbei wurden Brief- und Faxköpfe und Anreden ausgenommen. Insgesamt wurden 222 Seiten der ca. 3300 Seiten Akten erfasst. Würde jede Seite ausreichend Text enthalten, hätte das Verfahren rein rechnerisch 4400 Substantive ergeben. Durch Leerseiten, Kurztexte etc. waren es faktisch 3774 Substantive. Die Substantive wurden zunächst alphabetisch sortiert und dann inhaltlich Themen zugeordnet. Insgesamt wurden 1735 *verschiedene* Substantive erfasst, viele nur einmal vorkommend, einige wenige mehr als 10 x vorkommend, wie etwa „Weltkulturerbe“ oder „Baukosten“. Deutlich wurde u. a., dass unterschiedliche Fachbegriffe der Architekturproduktion häufig erfasst wurden, z. B. Betonfassade, Gebäudesockel, aber auch vielfache Fachbegriffe der historischen technischen Anlage, z. B. Rundeindicker, Stellwerk, Weiße Seite. Die Tabelle zeigt in einem kleinen Ausschnitt die Anzahl der erfassten Substantive, alphabetisch sortiert von Zone – Zweispänner.

Tabelle 12: Liste der Substantive alphabetisch sortiert, Auszug

Zone	1
Zugänge	1
Zugzwang	1
Zuhilfenahme	1
Zukunft	1
Zukunftsstandort	4
Zukunftsvisionäre	1
Zuordnung	2
Zuordnungen	1
Zusammenarbeit	1
Zusammenhang	6
Zusammenschluss	1
Zusammenspiel	1
Zusammenstellung	5
Zusammenwirken	1
Zustand	2
Zustimmung	2
Zuwendung	1
Zuwendungsanträge	1
Zwecke	1
Zweispänner	1

Plananalyse

Eine Sonderform der Dokumentenanalyse stellt die Analyse von gezeichneten Plänen und Karten dar, die Plananalyse (vgl. Mose & Strüver, 2009; Oevermann 2012, S. 148–156). Pläne und Karten sind ein wichtiger Bestandteil in Planungs- und Gestaltungsprozessen der Stadt. Sie sind Dokumente von Bestandsaufnahme z. B. bei der Inventarisierung, verpflichtender Bestandteil von Genehmigungsverfahren und werden insbesondere von Architekten, Freiraum- und Stadtplanern für die Entwicklung und Kommunikation von Entwurfskonzepten genutzt. Somit sind Pläne und Karten Instrumente, um etwas Vorhandenes zu beschreiben, wie eine zukünftige Form und Gestalt darzustellen. Pläne und Karten sind auch Elemente eines Diskurses. Beispielsweise ist es unvorstellbar, dass der Diskurs Architekturproduktion ohne Pläne bestehen kann, Gleiches gilt für viele andere Diskurse in den Planungswissenschaften und weiteren Disziplinen. Für Forschungen mittels der synchronen Diskursanalyse bedeutet dies, dass Pläne und Karten möglichst einzubeziehen sind.

Die Plananalyse besteht aus zwei Teilen: einer kurzen Beschreibung des Plans sowie einer Analyse. Die Planbeschreibung bezieht sich auf die Funktion des Plans (z. B. Genehmigungsplan oder Entwurfsplan), die Autoren, Datum der Entstehung und Stand in dem Planungs- und Gestaltungsprozess (überarbeiteter Plan, Plan Variante A, abgestimmter Plan etc.). In der Regel lässt sich über den Autor und die Funktion auch eine Zuordnung zu einem Kerndiskurs vornehmen: z. B. Stadtentwicklung oder Architekturproduktion. Der zweite Teil stellt die eigentliche Analyse des Plans dar. Diese kann zunächst einmal entlang der allgemeinen Fragen gegliedert werden:

- Was fällt auf?
- Was wird visuell betont (z. B. farbig, rot markiert oder dick gezeichnet)?
- Was wird ausgelassen?
- Wie und welche Namen und Bezeichnungen sind gewählt?
- Was wird typisch, untypisch in Bezug auf andere Pläne dargestellt?

Weitere Fragen müssen anhand der konkreten Forschungsfrage entwickelt werden.

Fallbeispiel Zollverein

Hier lautete die Forschungsfrage: Wie kann der Denkmalschutz mit den divergierenden Zielen von Stadtentwicklung, Kreativwirtschaft und Architekturproduktion verbunden werden? Je drei Pläne aus Stadtentwicklung, Denkmalschutz und Architekturproduktion wurden untersucht. Der (Teil-)Diskurs Kreativwirtschaft bildet sich selbst nicht in gezeichneten Plänen oder Karten ab. Die spezifische Frage war: Wie ist der historische Bestand (Denkmal) dargestellt und wie die Veränderungen und neuen räumlichen Formen (Entwicklung)? Offensichtlich war, dass die Pläne und Karten der Stadtentwicklung sehr heterogen waren. Ähnlich wie die Architekturpläne sind die Entwicklungen und Veränderungen visuell in den Vordergrund gerückt. Im Unterschied zu den anderen Plänen sind die gewählten Ausschnitte und Maßstäbe sehr unterschiedlich, entweder wird ein detaillierte Ausschnitt gezeigt (Bebauungsplanung) oder aber die umgebenden Stadtteile, wo Zollverein kein visuell herausragendes Element darstellt. Die drei Pläne des Denkmalschutzes hingegen ähneln sich. Sie zeigen den historischen Bestand genau auf und geben keine oder nur angedeutete Hinweise auf mögliche Veränderungen. Die Pläne des Diskurses Architekturproduktion zeigen auch den historischen Bestand, er rückt aber visuell in den Hintergrund, die neuen räumlichen Formen stehen im Vordergrund. Diese zusammengefassten Ergebnisse zeigen, wie stark der jeweilige Diskurs – Denkmalschutz, Stadtentwicklung und Architekturproduktion – bei der Erstellung dieser konkreten Pläne und Karten wirksam ist.

Abbildung 12 ist ein Lageplan von Zeche Zollverein, der die historische Materialität von Zollverein zu einem Zeitpunkt Mitte der 1990er-Jahre erfasst und für den Diskurs Denkmalschutz steht. Der Lageplan zeigt den historischen Bestand genau auf und gibt keine Hinweise auf mögliche Veränderungen. Auch andere Pläne des Diskurses Denkmalschutz weisen diese zwei Merkmale auf. Abbildung 13 stellt den Entwurf zur Freiraumplanung von Zollverein vor und ist dem Diskurs Architekturproduktion zuzurechnen. Dieser zeigt deutlich den historischen Bestand, der aber visuell in den Hintergrund rückt. Dafür erscheinen die neuen räumlichen Formen und Elemente der Landschaftsarchitektur im Vordergrund. Hier wird deutlich die aktuelle Gestaltung thematisiert, die einen Bezug zum historischen Bestand behält.

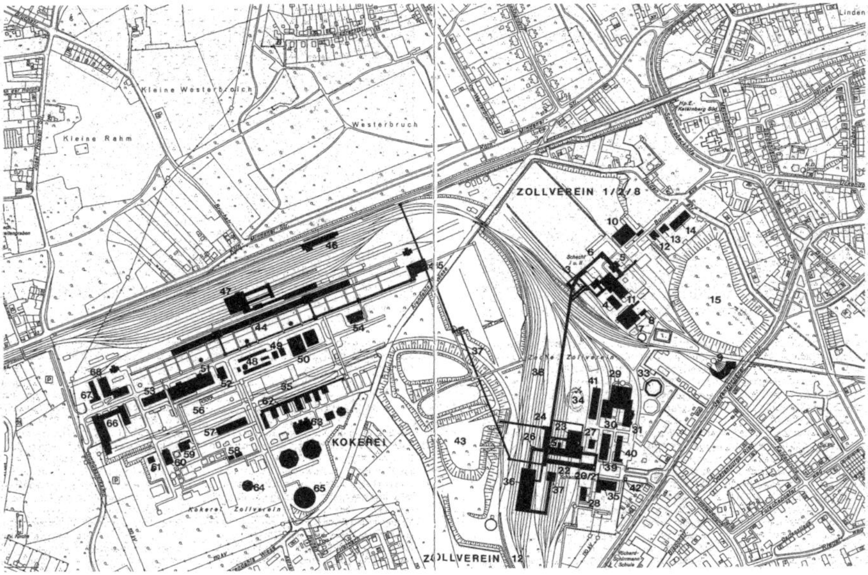

Abbildung 12: Lageplan von Zeche Zollverein (©LVR-Amt für Denkmalpflege im Rheinland, Irmela Lieven; auf Grundlage der Geobasisdaten der Kommunen und des Landes NRW @ Geobasis NRW 2015)

Abbildung 13: Entwurf zur Freiraumplanung von Zollverein (© Planergruppe Oberhausen)

Fokusgruppen: moderierte Gruppeninterviews

Planungsprozesse in der Stadt sind heute nicht mehr ohne die Einbindung und Beteiligung von Interessengruppen, Bürgerinitiativen oder Anwohnern denkbar. Diese Bürgerbeteiligung bzw. Öffentlichkeitsbeteiligung kann auf sehr unterschiedliche Weise erfolgen (vgl. Senatsverwaltung für Stadtentwicklung und Umwelt Berlin, 2011). Wie eine Mitsprache dieser Akteursgruppen bei Planungsprozessen in der Praxis funktioniert und wie stark ihre Interessen Einfluss nehmen, ist ein wichtiger Aspekt vieler Forschungsfragen. Hier bietet sich die Teilmethode der Fokusgruppe an.

Eine Fokusgruppe ist ein geleitetes Gruppengespräch zu einem vorgegebenen Thema („Fokus"). Die Methode der Fokusgruppe wurde in der Marktforschung entwickelt und hat inzwischen Eingang in den Methodenkanon der empirischen Sozialforschung gefunden. Durchführungsbedingungen für die Normalform von Fokusgruppen sind:

- Die Gruppe sollte möglichst homogen sein, d. h. aus „ähnlichen" Leuten bestehen. Ursprünglich zielte die Teilnehmerauswahl auf Konsumentengruppen (z. B. „Hausfrauen", „Studenten"). Im Prinzip kann jede Einteilung genutzt werden (z. B. „Anwohner"). Grundidee ist: weitere Unterschiede (z. B. Geschlecht, Alter, politische Haltung etc.) sollten unter den teilnehmenden Personen zufällig verteilt sein.
- Die Gruppe sollte nicht zu klein und nicht zu groß sein. Üblicherweise ergibt sich eine Gruppengröße von 6–12 Personen. Bei weniger als sechs Personen kann es sein, dass die Diskussion nicht in Gang kommt. Bei zu großen Gruppen kann es sein, dass einzelne Personen nicht zu Wort kommen. In der Regel werden mehrere Fokusgruppen durchgeführt, mit wechselnden Teilnehmern und Teilnehmerinnen.
- Das Gespräch sollte ein klares Thema haben („Fokus"). Daher sollte es mit einem Leitfaden vorbereitet werden. Wichtig ist erstens, dass jede beteiligte Person sich zu dem Thema äußern kann; und zweitens, dass jede Person die Chance erhält, die Bemerkungen anderer Personen zu ergänzen oder zu spezifizieren. Es ist nicht zu erwarten, dass ein Konsens entsteht. Vielmehr sollten die Facetten eines Themas erfasst werden.
- Das Gespräch sollte moderiert werden. Der Moderator bzw. die Moderatorin sollte darauf achten, dass das Gespräch beim Thema bleibt und dass alle zu Wort kommen können. Es gelten die üblichen Regeln für Moderatoren, d. h. Zurückhaltung zeigen, Fairness walten lassen, das Gruppengespräch am Laufen halten etc.
- Das Gespräch sollte komplett aufgezeichnet werden, am besten per Video. Nach Abschluss der Fokusgruppe werden die Gespräche ganz oder in Teilen verschriftlicht. Je nach Forschungsbedarf lässt sich eine Auswahl an Gesprächsteilen finden, die in Textform gebracht wird. Bei einer hypothesengestützten Auswertung genügt die Verschriftlichung der hypothesenrelevanten Gesprächsteile.

Die Fokusgruppe als Methode lässt sich flexibel einsetzen und mit anderen Methoden, z. B. dem Experteninterview, kombinieren. Wichtig ist, dass Fokusgruppen homogen besetzt sind. Fokusgruppen leben davon, dass die Teilnehmer ein Thema *ergänzen und vertiefen*. Nicht homogene Querschnitts-Fokusgruppen bestehend aus Vertretern der für die konkrete Forschungsfrage wichtigen Akteursgruppen sind zwar denkbar, aber schwer zu moderieren. Die große Gefahr besteht darin, dass die Vertreter der Akteursgruppen sich darauf konzentrieren, ihre Positionen zu verteidigen. Die Positionen sind meist bekannt, eine Fokusgruppe trägt zur weiteren Klärung wenig bei. In diesem Fall sollten Sie für jede Akteursgruppe eine eigene Fokusgruppe bilden bzw. einzelne Experteninterviews durchführen. Wenn es um Austausch und Vermittlung geht, ist eine Fokusgruppe – als Erhebungsmethode – ohnehin das falsche Mittel. Dann sollten Sie z. B. einen runden Tisch veranstalten (vgl. Kapitel 5).

KAPITEL 5: WERKZEUGE FÜR DIE PLANERISCHE PRAXIS

Für die Akteure der planerischen Praxis ist es oft nicht möglich, systematische Studien oder wissenschaftliche Arbeiten zu Planungsprozessen in der Stadt selbst durchzuführen. Dennoch müssen gerade diese Akteure häufig mit Konflikten umgehen und Vermittlungen vorantreiben. Daher sollen im Folgenden handhabbare Werkzeuge für die planerische Praxis rund um das Forschungsinstrument der synchronen Diskursanalyse vorgestellt werden. Diese sind nicht geeignet, um eine systematische und umfassende Untersuchung einer Forschungsfrage durchzuführen, sie können aber helfen, Konflikte, besser zu verstehen und Ansätze zur Vermittlung zu entwickeln und umzusetzen.

Planungsprozesse der Stadt sind häufig mit der Auseinandersetzung verbunden, ob vorhandene Materialität und Strukturen (teilweise) geschützt werden und erhalten bleiben oder aber Planungen als *tabula rasa* – Komplettabriss und Neuplanung – projektiert werden. Dabei können erstens Konflikte aufgrund von *Tabula-rasa*-Planungen auftreten oder zweitens Konflikte trotz eines gemeinsamen Ziels von Schutz, Erhaltung und Entwicklung. Im Folgenden gehen wir erstens noch einmal näher auf das Konfliktpotenzial ein. Sodann stellen wir drei Werkzeuge vor:

A) *Akteurszentrierte Diskursanalyse*, zur vereinfachten Analyse von Konfliktpotenzial, z. B. im Rahmen von Planungsverfahren oder zur Vorbereitung von runden Tischen oder anderen Beteiligungsverfahren.

B) *Dreistufiges Experten-Delphi*, zur besseren Nutzung von Expertenwissen, z. B. zum Zwecke der Definition von Planungsoptionen und deren Randbedingungen.

C) *Legitimierter Changemanagementprozess*, zur besseren Umsetzung von Planung.

Den Abschluss bildet ein Vergleich der drei Werkzeuge mit alternativen Verfahren und gängigen Ansätzen.

Konfliktpotenzial in der Praxis

Das Konfliktpotenzial bei Planungsprozessen in der Stadt steigt. Vielfältige Akteure sind beteiligt, Bewohner und Betroffene fordern eine Beteiligung an Planungsprozessen ein und manchmal wird auch ein Bauvorhaben zum Sinnbild für größere soziale, politische und wirtschaftliche (Fehl-)Entwicklungen. Im Folgenden wird an einem Beispiel das Konfliktpotenzial in der Praxis dargestellt, viele andere

Beispiele sind in der Praxis virulent. Sie reichen von Konflikten über potenzielle Umwelt- und Lärmbelastungen bei neuen Infrastrukturen wie Flughäfen, Stromtrassen etc. über die Bereitstellung bzw. Förderung von Wohnraum für spezifische gesellschaftliche Gruppen bis hin zu der Frage, wie die öffentlichen Räume der Stadt durch Design und Bauten gestaltet werden. Ein immer wiederkehrender Konflikt bei der Transformation europäischer Städte besteht in der Diskussion über Abriss und Neubau oder Erhaltung und Erneuerung der Materialität der Stadt.

Konflikte über Komplettabriss und Neubauplanungen versus Erhaltung und Erneuerung, die zwischen unterschiedlichen Akteursgruppen ausgetragen werden, sind mittlerweile vielzählig. „Tabula rasa“ heißt in diesem Zusammenhang, dass durch Abriss eine komplett freie Fläche geschaffen wird, die dann unabhängig von früheren Bebauungen und Infrastrukturen neu entwickelt und geplant wird. Eine Planungsalternative zugunsten mehr Erhaltung besteht in der Regel nur in der Ablehnung der Planung: entweder Komplettabriss oder Erhaltung. Diese Ablehnung der Planung wird sichtbar in unterschiedlichen Formen, die von Einwänden organisierter Berufsgruppen und Verbände (SIA, BDA, Vereinigung der Denkmalpfleger …) über Bürgerprotesten bis hin zu Hausbesetzungen reichen können. Die Beispiele für diese Form von Konflikten reichen von Konflikten über Stadterneuerung, z. B. die Ablehnung der Flächensanierungen in Berlin Ende der 1970er-, Anfang der 1980er-Jahre bis zu Konflikten bezüglich aufgelassener Industrieareale, z. B. die erste Neuplanung für das aufgelassene Industrieareal Sulzer-Stadtmitte in Winterthur, Schweiz.

Manchmal ermöglichen diese Proteste in der Folge einen Prozess der Verständigung der unterschiedlichen Akteure unter Aufgabe der abgelehnten Planung. Über unterschiedliche Konfliktmoderationsformate, wie Bürgerwerkstätten, runde Tische u. Ä., gelingt es, ein gemeinsames Ziel zu formulieren, dass Schutz bzw. Erhaltungsanliegen und Entwicklungsanliegen verbindet. Hier ist das bereits zitierte aufgelassene Industrieareal Sulzer-Stadtmitte in Winterthur und seine Umnutzung seit den 1990er-Jahren ein gutes Beispiel (Hofer, 2015). Nicht immer sind damit alle Konflikte gelöst, sondern eine weitere Form von Konflikten tritt auf.

Die zweite Form von Konflikten um Schutz versus Entwicklung tritt dann auf, wenn Planungen Erhaltungs- und Entwicklungsanliegen verbinden sollen. Der Schutzstatus kann dabei variieren, von großflächigen UNESCO-Weltkulturerbestätten, über Teilbereiche an Einzeldenkmälern, bis hin zu historischen Stadtgrundrissen oder Traufhöhen, die in gültigen Bebauungsplänen und Richtlinien festgeschrieben sind. Entwicklungsanliegen werden in Planungen dann verbunden, wenn die vorhandene Materialität mehr oder weniger in die Planung einbezogen und dabei erhalten wird. In diesen Fällen haben die unterschiedlichen Akteure ein gemeinsames Ziel formuliert: die Planungen sollen sowohl die Erhaltung als auch die Entwicklung des Ortes ermöglichen. Doch trotz gemeinsamen Ziels bleiben Konflikte bestehen. Jetzt sind die folgenden Fragen relevant: Was genau soll erhalten werden? In welcher Form wird es erhalten? Und wie wird es eingebunden in die neuen Formen und Räume?

Die Vorstellungen von Erhaltung und ihre konkreten planerischen Umsetzungen sind zwischen den Akteuren in der Regel verschieden: Denkmalpfleger verstehen unter Erhaltung, dass die authentische Substanz und visuelle Integrität erhalten werden, Architekten reicht häufig genug die Erhaltung der besonderen Räume und ihrer Atmosphäre, während Stadtentwickler womöglich nur Bauten und Wahrzeichen erhalten wollen, die überregional bekannt sind. Damit ist eine zentrale Konfliktlinie gegeben, sie bezieht sich auf den Schutz und der Erhaltung der authentischen Materialität und der visuellen Integrität der Weltkulturerbestätte versus der Entwicklung und Veränderung derselben (Oevermann & Mieg, 2015b). Wichtig ist hier, dass die Vermittlung von Konflikten die unterschiedlichen Perspektiven auf den Fall miteinschließen.

Werkzeuge

A Akteurszentrierte Diskursanalyse: Erfassung der beteiligten Akteursgruppen und ihrer Perspektiven auf den Fall

Die beteiligten oder betroffenen Akteursgruppen haben in der Regel unterschiedliche Perspektiven auf den (Konflikt-)Fall und verbinden damit unterschiedliche Anliegen. UNESCO-Weltkulturerbestätten und Denkmalbereiche werden häufig von unterschiedlichen Gruppen (Besucher, Bewohner, Vereine …) genutzt, aber auch verwaltet (unterschiedliche Abteilungen der Stadtverwaltung, Denkmalschutzbehörde, *heritage manager* …) oder als Eigentum besessen (Firmengelände, Häuser in der historischen Altstadt …).

Um zwischen beteiligten Akteursgruppen zu vermitteln, gibt es unterschiedliche Verfahren, z. B. runde Tische oder Mediation (vgl. Senatsverwaltung für Stadtentwicklung und Umwelt Berlin, 2011). Ein klassischer Verhandlungsansatz für solche Fälle ist das sog. Harvard-Konzept (Fisher et al., 2013). Kernelement des Harvard-Konzeptes ist die Trennung von Positionen und Interessen: Positionen beziehen sich auf Planungsoptionen („nicht bauen!", „weniger Ampeln!" etc.), Interessen auf die Bedürfnisse, die hinter diesen Planungsoptionen stehen (Erhaltung von Grün in der Stadt, Wachstum etc.). Fisher und Kollegen gehen von der Einsicht aus, dass Verhandlungen erfolgreicher sind, wenn sie an Interessen ansetzen und dann nach Lösungen bzw. gemeinsamen Planungsoptionen suchen. Die akteurszentrierte Diskursanalyse erweitert die Betrachtung der Interessen und bezieht explizit z. B. unterschiedliche Werte und Grundannahmen mit ein.

Das Werkzeug der akteurszentrierten Diskursanalyse soll helfen, die unterschiedlichen Akteure und ihre Perspektiven zu erfassen und im Überblick darzustellen. Entlang der eingeführten Kategorien Ziele, Konzepte, Grundannahmen und Werte kann dies geleistet werden [Kapitel 3, Erklärung zu den Kategorien: Schritt 2]. Zu fragen ist:

- Ziele („Interessen"): Wohin wird gedrängt?
- Konzepte: Was sind die Modelle, Begriffe, Instrumente …?
- Grundannahmen: Wovon wird ausgegangen?
- Werte: Was ist wichtig?

Hilfestellung zur Durchführung einer Befragung ist im Kapitel 4 zu finden. Mit der Tabelle 13 kann ein Überblick über die verschiedenen Perspektiven der Akteure geschaffen werden. Der Fokus liegt hierbei auf den Akteuren und weniger auf den Diskursen als solchen. Um das Wissen über verschiedene Perspektiven als gemeinsame Arbeitsgrundlage nutzen zu können, kann es z. B. tabellarisch dargestellt werden, für alle Akteure verständlich formuliert sein und zugänglich gemacht werden.

Tabelle 13: Befragung, Akteure und ihre Perspektiven und zentrale Dokumente

	Ziele: Wohin wird gedrängt?	Konzepte: Was sind die Modelle, Begriffe, Instrumente …?	Grundannahmen: Wovon wird ausgegangen?	Werte: Was ist wichtig?	Zentrale Dokumente
Akteur A (Eigentümer)					
Akteur B (Denkmalschutzbehörde)					
Akteur C (Planer)					
Akteur D usw.					

Zentrale Dokumente der Planung: Gerade in Planungsprozessen gibt es viele Dokumente (Bebauungspläne, politisch abgestimmte Agenden, Beschreibungen des Denkmalwertes – *statements of sigificance* ...), die bindenden Charakter in Bezug auf die Planungsprozesse haben. Diese zentralen Dokumente sind eng mit Zielen, Konzepten, Grundannahmen und Werten der einzelnen Akteursgruppen verbunden. Diese Dokumente sind in der Regel handlungsleitend. Daher kann es wichtig sein, sie für alle Akteure zugänglich zu machen. Sie können z. B. in der Tabelle ergänzt werden.

B Dreistufiges Experten-Delphi

Das Experten-Delphi ist eine Erweiterung des Experteninterviews, um durch ein koordiniertes Verfahren das Wissen von vielen Experten nutzen zu können. Experten-Delphis kommen vor allem dort zum Einsatz, wo das Wissen unsicher und unübersichtlich ist, zumal wenn mehrere Fachgebiete einbezogen werden müssen. Solche Fragen können sein:

- Wie entwickeln sich „problematische“ Stadtteile mit hoher Segregation (Entmischung der Bevölkerung, z. B. in Armenvierteln) und bildungsfernen Bevölkerungsanteilen?
- Wann führen kulturwirtschaftliche Lösungen (z. B. Einrichtung eines Museums) zu einer positiven Stadtteilentwicklung?

Ziel ist es, entsprechendes Wissen aufzubereiten und Planungsoptionen zu definieren bzw. zu bewerten.

Unser Ansatz für ein Experten-Delphi ist derselbe wie für Experteninterviews: Experten definieren sich durch ihr Wissen und nicht durch eine Funktion. Die Funktionen (Professur, Verbandsleitung, Vorsitz, „Beauftragte“ ...) dienen bestenfalls als Hinweise auf mögliches Expertenwissen. Expertenwissen beruht auf gezielter, langjähriger Erfahrungsbildung (Mieg 2012; Ericsson et al. 2006). In der Regel sind zehn Jahre nötig. Dies öffnet den Raum für den Einbezug nicht akademischer Experten, die ihr Feld sehr gut kennen und sich bemühen, es immer besser kennenzulernen. Man spricht hier von „Systemexperten“, Personen, die wissen, wie ihr Kiez funktioniert, z. B. als Grundschullehrerinnen oder Geistliche.

Experten-Delphis stellen eine Art Mittelung von mehreren Expertenurteilen dar. In vielen Bereichen sind exakte Vorhersagen nicht möglich, dies gilt z. B. für Finanzmarktentwicklungen wie auch für Bewährungshilfe und die meisten planungsrelevanten Fragen. In solchen Fällen geht man davon aus, dass die Mittelung hinreichend vieler Expertenurteile (in der Praxis von 10–12 Experten) zu einer genaueren Vorhersage führt als jedes einzelne Expertenurteil („bootstrapping", vgl. Mieg 2012).

Seit den 1950er-Jahren ist eine ganze Reihe von Delphi-Verfahren entwickelt und durchgeführt worden (z. B. Linstone & Turoff 1975). Oft erfolgt nur eine fragebogengestützte Erhebung. Die Hoffnung ist jedoch, im Sinne eines Orakels („Delphi") gesichertes Wissen über Entwicklungen zu erhalten. Solche Erwartungen sind in der Regel überzogen. Um gleichwohl das vorhandene Expertenwissen zu nutzen, hat sich ein dreistufiges Verfahren bewährt:

1. Stufe *Einzelurteile*: Jeder Experte nimmt einzeln Stellung. Dies kann schriftlich erfolgen oder über ein Experteninterview. Die Expertenurteile werden gesammelt, daraus wird ein strukturiertes Gesamtdokument erstellt.
2. Stufe *Integration der Rückmeldungen*: Jeder Experte erhält das Gesamtdokument und kann Rückmeldungen geben, ggf. auch die eigene Darstellung überarbeiten. Die Rückmeldungen werden genutzt, um das Gesamtdokument weiter zu überarbeiten, z. B. mit akzentuierten Thesen und Optionen.
3. Stufe *Workshop*: Auf einem gemeinsamen Workshop (1/2 bis 1 Tag) wird das Gesamtdokument diskutiert. Konsens und Dissens bzw. Spezifizierungen werden festgehalten. Auf dieser Grundlage entsteht ein Schlussdokument.

In das Verfahren sollten 10–20 Experten einbezogen werden. Die Auswahl sollte so erfolgen, dass das behandelte Problemfeld und die involvierten Diskurse hinreichend abgedeckt werden. Mögliche Ausfälle von Experten, z. B. aufgrund von Problemen bei der Terminfindung, sollten einberechnet werden.

Für die Durchführung des dreistufigen Experten-Delphis ist unverzichtbar:
1) Jeder Experte muss die Gelegenheit haben, allein ein strukturiertes Urteil abzugeben. Nur so kann individuelle Erfahrung ungefiltert Eingang finden. Dies gilt für akademische und nicht akademische Experten.
2) Es muss zu Rückmeldung und Diskussion unter den Experten kommen. Nur so ist es möglich, den Gesamtbefund zu konsolidieren, zu schärfen und zu vertiefen.
3) Parallel zu 1) und 2) muss ein strukturiertes Dokument erstellt werden. Dies ist Aufgabe der Person, die das Experten-Delphi ausführt. Auf diese Weise können die gesuchten Planungsoptionen definiert, dargestellt und bewertet werden.

C Legitimierter Changemanagementprozess

Eine Diskursanalyse ist in der Praxis Teil eines Veränderungsprozesses in einer Stadt, in welchem manches bewahrt und anderes verändert werden muss. Konflikte, wie sie mit der Diskursanalyse erfassbar sind, können einen Veränderungsprozess zum Stillstand bringen. Aber selbst wenn Diskurse erfolgreich überbrückt sind, ist damit die Umsetzung von Planung noch nicht gesichert. Im Folgenden beschreiben wir eine Reihe von Bedingungen, die für einen erfolgreichen, gesteuerten Veränderungsprozess erfahrungsgemäß erfüllt sein müssen. Wir sprechen von einem „legitimierten Changemanagementprozess", um auf den Anschluss an die zahlreiche Changemanagementliteratur hinzuweisen (z. B. Doppler & Lauterburg, 2013).

Ziel ist es, die Umsetzung von strategischen Veränderungsmaßnahmen zu verbessern, in deren Kontext eine Diskursanalyse stehen kann. Ein Kernproblem, auf das wir in der Praxis städtischer Verwaltung stoßen, ist die Divisionalisierung in unterschiedliche Fachbereiche: Wirtschaft, Verkehr, Grünflächen etc. bilden je eigene Fachgebiete, für die es in der Stadtverwaltung spezifische Abteilungen gibt. Für den Regelfall stellt Divisionalisierung eine effiziente Problembearbeitung dar. In Fällen, bei denen eine Diskursanalyse nötig scheint, kann es vorkommen, dass die konflikthaften Diskurse – z. B. Stadtentwicklung vs. Denkmalschutz – sich in unterschiedlichen Referaten der Stadtverwaltung widerspiegeln. Der Konflikt reproduziert sich in der Trennung nach Fachabteilungen.

Vor dem Hintergrund der Divisionalisierung können Veränderungsmaßnahmen von vornherein zum Scheitern verurteilt sein oder mit dem Ziel der Nichtumsetzung auf den Weg gebracht werden. Zu denken ist hier an die Idee, ein Veränderungsprojekt als Projekt in eine Fachabteilung zu geben oder auch als eigenes Querschnittsprojekt aufzusetzen. Auf diese Weise können abgenabelte Projekte mit Alibifunktion entstehen. Die Entscheidungsträger können darauf verweisen, dass es ja dieses Projekt gäbe und das Problem ernst genommen werde. Über die restriktive Zuweisung von Mitteln, Personen oder Kompetenzen kann das Projekt zugleich zum Erliegen gebracht werden.

Damit dies nicht passiert, sollte ein legitimierter Changemanagementprozess aufgesetzt werden. Hierzu gehört:

- Es wird eine Person für die Organisation des Veränderungsprozesses zuständig gemacht, die zu den Leistungsträgern in der Verwaltung zählt und nah an der faktischen Leitung steht (Bürgermeister, Stadtdirektor etc.).

- Es gibt einen Veränderungswillen und auf dieser Basis eine klare Unterstützung „von oben“ mit der Gewährung von Zugang zu entsprechenden Ressourcen.
- Der Veränderungsprozess bezieht sukzessive Entscheidungsträger in der Stadt mit ein (öffentliche wie private).
- Der Veränderungsprozess startet eine Aktivierung der Stadtgesellschaft.
- Der Prozess beinhaltet ein Verfahren zur Definition bzw. Findung von Entwicklungsoptionen.
- Der Veränderungsprozess wird von Anfang an als Kommunikationsprozess aufgesetzt.
- Der Veränderungsprozess hat eine kurz- und eine langfristige Perspektive: gewisse Veränderungen sollten gleich auf den Weg gebracht werden, für anderes sollte man sich mehrere Jahre Zeit nehmen.

Dieses Verfahren ist auf zwei Weisen legitimiert: durch die Nähe zur „Macht“ in der Stadt (Bürgermeister, Stadtdirektor etc.) und durch den Einbezug der Stadtgesellschaft (Aktivierung). Der sukzessive Einbezug von Entscheidungsträgern in der Stadt erhöht die Umsetzungschancen.

Je nach Stadt und Problemlage kann der legitimierte Changemanagementprozess ganz unterschiedlich aufgesetzt werden. Er kann als überfachlicher Kommunikationsprozess in der Stadtverwaltung starten, aber auch mit einer öffentlichen Auftaktveranstaltung. Zu empfehlen ist eine punktuelle Begleitung durch eine externe Beratung, z. B. eine sog. „Syntegration“-Veranstaltung, mit der die Stadt Fürth ihren Sanierungsprozess einleitete (Mieg & Grafe, 2012).

Vergleich

Tabelle 14 bietet eine Übersicht zu den vorgestellten Werkzeugen im Vergleich mit anderen Verfahren und Ansätzen. Zur Bearbeitung von Konflikten können zum Beispiel professionelle Mediatoren herangezogen werden. Diese versuchen eine aktive Vermittlung zwischen Parteien. Bei der Mediation steht – anders als bei der akteurszentrierten Diskursanalyse – die Analyse im Hintergrund. Eine Kombination von Analyse und Mediation bieten die Raumnutzungsverhandlungen (Scholz et al., 1998). Hierbei werden gemeinsam mit den Akteursgruppen deren Präferenzen der Raumnutzung analysiert und die vorhandenen Nutzungsoptionen für ein Gebiet neu bewertet. Anders als Mediation und akteurszentrierte Diskursanalyse benötigen die Raumnutzungsverhandlungen die Unterstützung durch eine Universität, um die rechnergestützte Präferenzanalyse durchführen zu können. Im Vergleich zu den genannten Verfahren ist die akteurszentrierte Diskursanalyse nicht sehr aufwendig.

Tabelle 14: Ausgewählte Werkzeuge für die planerische Praxis

Verfahren	Zielsetzung, Ansatz	Spezifische Durchführungsbedingungen, Vor- und Nachteile	Literatur
Akteurszentrierte Diskursanalyse	Erfassung unterschiedlicher Perspektiven (Diskurse)	Nur Analyse	hier vorgestellt
Mediation	Vermittlung bei Konflikten zwischen Akteuren/ Gruppen	Einsatz eines professionellen Mediators	z. B. Zilleßen (1998)
Raumnutzungsverhandlungen	Erfassung und Klärung von Präferenzen der Akteure	Einsatz von rechnergestützter Entscheidungsanalyse	Scholz et al. (1998), Scholz & Tietje (2002)
Dreistufiges Experten-Delphi	Integrative Erfassung von Expertenwissen zu einer Entwicklungsfrage	Integrativ, aufwendig	hier vorgestellt
Expertenpanel	Diskussionsveranstaltung mit einer Expertenrunde	Leicht durchzuführen, fehlende Integration der Ergebnisse	übliche Praxis
Cross-functional-Workshop	Zusammenarbeit zwischen Fachabteilungen	Schwierig zu moderieren. Wichtiger Abgleich in der Verwaltung; reicht hier das Wissen einer Verwaltung?	vgl. Parker (2002)
Legitimierter Changemanagementprozess	Steuerungsorientiert (Governance)	Bereitschaft?	hier vorgestellt
Runde Tische	Politisches Beteiligungsverfahren	Einfaches, wichtiges Instrument. Folgerungen?	vgl. Senatsverwaltung (2011)
Bürgerwerkstätten	Lösungsorientiertes Beteiligungsverfahren	Motivierung, Auswahl der Teilnehmer? Qualität der Ergebnisse? Umsetzung?	vgl. Senatsverwaltung (2011)

Alternativ zum Experten-Delphi lassen sich auch ein Expertenpanel oder ein interner Cross-functional-Workshop durchführen. Das Expertenpanel ist ein übliches Verfahren, um die Meinung von externen Experten einzuholen: Zu einem Thema oder einer Frage werden Experten eingeladen, der Workshop wird vor- und nachbereitet. Meist handelt es sich um exklusive Workshops, es können aber auch Zuschauer geladen sein. Man kann die Experten bitten, ihren Beitrag im Nachgang schriftlich festzuhalten. Der Vorteil des Expertenpanels ist, dass es flexibel an unterschiedlichen Stufen eines Problembearbeitungsprozesses einsetzbar ist. Der Nachteil – vor allem im Vergleich zum dreistufigen Experten-Delphi – ist die geringe Integration der Ergebnisse eines Expertenpanels.

Cross-functional-Workshops sind fachbereichübergreifende Workshops in einer Organisation, z. B. in der Stadtverwaltung. Der große Vorteil ist die Umsetzungsnähe. Zudem erleben die Beteiligten eines Cross-functional-Workshops es als sehr nützlich, miteinander ins Gespräch gekommen zu sein. Der offenkundige Nachteil ist, dass die Verwaltungen oft zu klein sind, um das nötige Expertenwissen für jeden Fall abzudecken. Eine Variante des Cross-functional-Workshops ist die sog. Syntegration (vgl. Malik, 2013), ein eng moderierter Strategieentwicklungs-Workshop. Bei der Syntegration nehmen i. d. R. alle relevanten Entscheidungsträger teil, wodurch die Umsetzung strategischer Maßnahmen erleichtert wird.

Der legitimierte Changemanagementprozess ist – wie eingeführt – ein Ansatz zur verbesserten Umsetzung von Veränderungen. Entscheidend ist, dass eine Stadt bzw. Entscheidungsträger dazu bereit sind und den Veränderungsprozess entsprechend auf den Weg bringen. In diesem Veränderungsprozess können unterschiedliche Verfahren zum Einsatz gelangen. Runde Tische sind im Prinzip organisierte Gesprächsrunden mit Akteursgruppen. Hierfür werden unterschiedliche Bezeichnungen verwendet, z. B. Dialoggespräche, Stadtforum oder auch Konsenskonferenz. Oft verbinden sich damit leicht unterschiedliche Organisationsformen und Zwecke. Wichtig ist bei allen Formen von runden Tischen, dass die Gespräche diskriminierungsfrei und „auf Augenhöhe“ stattfinden: jede betroffene Akteursgruppe sollte zu Wort kommen können. Ob und wann ein runder Tisch durchgeführt wird, ist eine politische Maßnahme und sollte gut überlegt sein. Offen bleibt meist, was daraus für die Umsetzung folgt.

Mehr auf Lösungen ausgerichtet sind Bürgerwerkstätten. Auch diese laufen unter sehr unterschiedlichen Namen, die meist mit dem Kontext zu haben, z. B. einer Quartiersentwicklungsmaßnahme. Entscheidend für eine Bürgerwerkstatt ist, dass

Bürgerinnen und Bürger zielorientiert an potenziellen Lösungen, Maßnahmen o. Ä. arbeiten. Bürgerwerkstätten waren eine wichtige Maßnahme im Zusammenhang mit der Agenda 21. Hier ging es um die Definition von lokalen Maßnahmen und Bewertungsmaßstäben mit Blick auf den Klimawandel. Die Agenda 21-Bürgerwerkstätten zeigten auch die Probleme eines solchen Verfahrens: Wer hat die Zeit, an solch einer Bürgerwerkstatt überhaupt teilzunehmen? Wie kann die Qualität der Ergebnisse gesichert werden? Bürgerwerkstätten und runde Tische sind Beteiligungsverfahren. Sie müssen als Elemente und Werkzeuge eines längerfristigen Veränderungsprozesses gedacht werden. Städte wie Zürich, Heidelberg und Fürth zeigen, dass dies auch unter schwierigen Randbedingungen erfolgreich sein kann.

BIBLIOGRAFIE

Arbeitsgruppe Zollverein. (1999). *Denkschrift Zollverein 2010: Impulse für eine Fortentwicklung des Zukunftsstandortes Zollverein.* Essen: Internationale Bauausstellung Emscher Park.

Bandarin, F. (2006). The future of the World Heritage Convention. *US/ICOMOS News Update,* (3), 3–9.

Böll, H., & Krabel, H. (2010). *Arbeiten an Zollverein: Projekte auf der Zeche Zollverein, Schacht XII seit 1989: Architekten Heinrich Böll und Hans Krabel.* Essen: Klartext.

Buschmann, W. (1998). Zeche und Kokerei Zollverein. In *Die Bau- und Kunstdenkmäler des Rheinlandes. Zechen und Kokereien im rheinischen Steinkohlebergbau* (S. 414–485). Berlin: Gebr. Mann Verlag.

Doppler, K., & Lauterburg, C. (2013). *Change Management: Den Unternehmenswandel gestalten* (13. Aufl.). Frankfurt a. M.: Campus.

Durchholz, U., & Pfeiffer, M. (2008). Auf dem Weg in die Zukunft: Zollverein nach der Stillegung. In Stiftung Zollverein (Ed.), *Welterbe Zollverein. Geschichte und Gegenwart der Zeche und Kokerei Zollverein* (S. 109–170). Essen: Klartext.

Entwicklungsgesellschaft Zollverein. (2008). Zollverein 31 / 8: Zollverein heute. Essen: Entwicklungsgesellschaft Zollverein.

Fisher, R., Ury, W., Patton, B. et al. (2013). *Das Harvard-Konzept* (28. Aufl.). Frankfurt a. M.: Campus.

Flick, U. (2007). *Qualitative Sozialforschung: Eine Einführung* (6. Aufl.). Reinbek: Rowohlt.

Florida, R. L. (2005). *Cities and the creative class.* London, New York: Routledge.

Foucault, M. (1973). *Archäologie des Wissens.* Frankfurt a. M.: Suhrkamp. (Original 1969).

Foucault, M. (1974). *Die Ordnung des Diskurses: Inauguralvorlesung am Collège de France, 2. Dezember 1970.* München: Hanser. (Original 1972).

Foucault, M. (1977). *Überwachen und Strafen: Die Geburt des Gefängnisses.* Frankfurt a. M.: Suhrkamp. (Original 1975).

Foucault, M. (1978). *Dispositive der Macht: Über Sexualität, Wissen und Wahrheit.* Berlin: Merve-Verlag. (Original 1972).

Foucault, M. (2005). Die Gouvernementalität. In M. Foucault, *Analytik der Macht* (S. 148–179). Frankfurt a. M.: Suhrkamp.

Früh, W. (2007). *Inhaltsanalyse* (6. Aufl.). Konstanz: UVK/UTB.

Glasze, G., & Mattissek, A. (Hrsg.). (2009). *Sozialtheorie. Handbuch Diskurs und Raum: Theorien und Methoden für die Humangeographie sowie die sozial- und kulturwissenschaftliche Raumforschung*. Bielefeld: Transcript.

Grunsky, E., Mainzer, U., Kania, H., & Ganser, K. (1999). *Zeche Zollverein in Essen: Eine Denkmal-Landschaft von Weltrang im Herzen Europas*. Essen: Amt für Denkmalpflege in Westfalen, Amt für Denkmalpflege im Rheinland, Bauhütte Zeche Zollverein e. V., IBA Emscher Park.

Hauser, S. (2001). *Metamorphosen des Abfalls. Konzepte für alte Industrieareale*. Frankfurt a. M.: Campus.

Hofer, A. (2015). The Sulzer/SLM site in Winterthur, Switzerland: from the factory to the new town – the reinvention of the city. In H. Oevermann & H. A. Mieg (Eds.), *Industrial heritage sites in transformation. Clash of discourses* (pp. 79–93). New York: Routledge.

Holstein, J. A., & Gubrium, J. F. (2000). *The self we live by: Narrative identity in a postmodern world*. New York: Oxford University Press.

Kastin, K. S. (2008). *Marktforschung mit einfachen Mitteln* (3. Aufl.). München: dtv.

Keller, R. (2007). *Diskursforschung: Eine Einführung für SozialwissenschaftlerInnen* (3. Aufl.). Wiesbaden: VS Verlag für Sozialwissenschaften.

Kuckartz, U. (2014). *Mixed Methods*. Wiesbaden: Springer VS.

Landry, C. (2000). *The Creative city: A toolkit for urban innovators*. London: Earthscan.

Linstone, H. A., & Turoff, M. (Eds.). (1975). *The Delphi method*. Reading, MA: Addison-Wesley.

Luhmann, N. (1987). *Soziale Systeme: Grundriss einer allgemeinen Theorie*. Frankfurt a. M.: Suhrkamp.

Luhmann, N. (1986). *Ökologische Kommunikation*. Opladen: Westdeutscher Verlag.

Malik, F. (2013). *Strategie: Navigieren in der Komplexität der Neuen Welt* (2. Aufl.). Frankfurt a. M.: Campus.

Mieg, H. A. (2012). *The social psychology of expertise: Case studies in research, professional domains, and expert roles*. New York: Psychology Press.

Mieg, H. A., & Grafe, F.-J. (2012). City development under the constraints of complexity and urban governance: A case study on the application of systems modelling and "syntegration" to the city of Fürth. *Journal of Urban Regeneration and Renewal, 6*(1), 91–100.

Mieg, H. A., & Näf, M. (2005). *Experteninterviews* (2. Aufl.). Institut für Mensch-Umwelt-Systeme (HES), ETH Zürich. (Download via www.mieg.ethz.ch/education)

Mieg, H. A., & Näf, M. (2006). *Experteninterviews in den Umwelt- und Planungswissenschaften. Eine Einführung und Anleitung.* Lengerich: Papst.

Mieg, H. A., & Töpfer, K. (2013). *Institutional and social innovation for sustainable urban development. Routledge studies in sustainable development.* London, New York: Routledge.

Mose, J., & Strüver, A. (2009). Diskursivität von Karten – Karten im Diskurs. In G. Glasze & A. Mattissek (Hrsg.), *Sozialtheorie. Handbuch Diskurs und Raum. Theorien und Methoden für die Humangeographie sowie die sozial- und kulturwissenschaftliche Raumforschung* (S. 315–325). Bielefeld: Transcript.

Oevermann, H. (2012). *Über den Umgang mit dem industriellen Erbe: Eine diskursanalytische Untersuchung städtischer Transformationsprozesse am Beispiel der Zeche Zollverein.* Essen: Klartext.

Oevermann, H., & Mieg, H. (2012). Städtische Transformationen erforschen: Die Diskursanalyse im Bereich Denkmalschutz und Stadtentwicklung. *Forum Stadt, 39*(3), 316–325.

Oevermann, H., & Mieg, H. A. (Eds.). (2015a). *Industrial heritage sites in transformation: Clash of discourses.* New York: Routledge.

Oevermann, H., & Mieg, H. A. (2015b). Studying transformations of industrial heritage sites: Synchronic discourse analysis of heritage conservation, urban development and architectural production. In H. Oevermann & H. A. Mieg (Eds.), *Industrial heritage sites in transformation. Clash of discourses* (pp. 12–25). New York: Routledge.

Parker, G. M. (2002). *Cross-functional teams* (2nd ed.). San Francisco, CA: Jossey Bass.

Parsons, T. (1951). *The social systems.* Glencoe, IL: Free Press.

Scholz, R. W., Mieg, H. A., Stauffacher, M., & Weber, O. (1998). Sozio-psychologische Determinanten nachhaltigen Handelns. *DISP, 34*(133), 14–21.

Scholz, R. W., & Tietje, O. (2002). *Embedded case study methods: Integrating quantitative and qualitative knowledge.* Thousand Oaks, CA: Sage.

Senatsverwaltung für Stadtentwicklung und Umwelt Berlin (2011). *Handbuch zur Partizipation.* Berlin: Kulturbuch Verlag. (Download via http://www.stadtentwicklung.berlin.de/soziale_stadt/partizipation/de/handbuch.shtml).

van Assche, K., & Duineveld, M. (2013). The good, the bad and the self-referential: heritage planning and the productivity of difference. *International Journal of Heritage Studies, 19*(1), 1–15. doi:10.1080/13527258.2011.632639.

Zilleßen, H. (1998). *Mediation: Kooperatives Konfliktmanagement in der Umweltpolitik.* Wiesbaden: VS Verlag für Sozialwissenschaften.

INDEX

Weitere Publikationen aus dem vdf Hochschulverlag

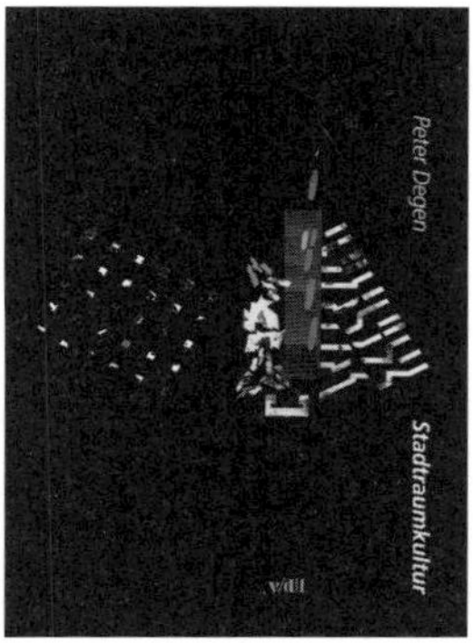

Stadtraumkultur

Eine Einführung in die Kultur des Zwischenraums

Peter Degen

2014, 272 Seiten
681 Abbildungen und Fotos
durchg. farbig, Format 21 x 29,7 cm
Klappenbroschur
ISBN 978-3-7281-3561-2

Was bleibt uns von einem Stadtbild im Gedächtnis haften? Diese Publikation untersucht und dokumentiert das Gefüge des gebauten Ortes, bei dem Freiräume und Bebauung gleichwertig zusammenspielen. Eine Kultur des Zwischenraums, deren Regelwerk nicht von Abständen und Bauhöhen ausgeht, sondern vom Kodex der Aneignung, über den diese Räume im Alltag erfahren werden.

Das Augenmerk aller Betrachtungen liegt in der alltäglichen Wahrnehmung des Stadtraums und der Bedeutung dieser Einsichten für den stadträumlichen Entwurf.

Mit rund 680 Abbildungen sowie zahlreichen Fallbeispielen.

Aussenraum**Qualitäten** Aussenraum**Realitäten**

Gestaltungsprinzipien für Planung und Architektur

Marlis Gander

2015, 120 Seiten
zahlr. Fotos, Grafiken und Tabellen
Format 17 x 24 cm, broschiert
ISBN 978-3-7281-3669-5

Im Aussenraum – also dem Raum zwischen den Häusern – bewegen und begegnen sich die Menschen auf vielfältige Art und Weise. Genügt der heutige Aussenraum den zahlreichen an ihn gestellten Anforderungen? Was macht die Qualität von Aussenräumen aus und wo gibt es Defizite?

Sie werden aufgefordert, sich den Aussenraum in allen seinen Facetten genau anzuschauen. Sie erfahren, was qualitätvollen Aussenraum auszeichnet und was dafür zu tun ist. Konkrete Handlungsanweisungen sowie ein Bewertungsbogen helfen bei der Umsetzung.

vdf
vdf Hochschulverlag AG an der ETH Zürich, VOB D, Voltastrasse 24, CH-8092 Zürich
Tel. +41 (0)44 632 42 42, Fax +41 (0)44 632 12 32, verlag@vdf.ethz.ch, www.vdf.ethz.ch

Weitere Publikationen aus dem vdf Hochschulverlag

2014, 88 Seiten
zahlr. Grafiken und Illustrationen
durchgehend farbig
Format 14.8 x 21 cm, broschiert
ISBN 978-3-7281-3622-0

Qualitätsvolle Innenentwicklung von Städten und Gemeinden durch Dialog und Kooperation

Argumentarium und Wegweiser

Kompetenzzentrum Regionalökonomie (CCRO)
Kompetenzzentrum Typologie & Planung in Architektur (CCTP), Hochschule Luzern (Hrsg.)

Haushälterische Bodennutzung und konsequente Siedlungsentwicklung nach innen sind erklärte politische Ziele der Schweiz. Hierfür ist in Städten und Gemeinden die Aktivierung innerer Nutzungsreserven nötig. Diese stösst auf vielfältige Hindernisse. Die Komplexität der Rahmenbedingungen erfordert ein Denken, Planen und Handeln über einzelne Grundstücke hinaus, ein ortsspezifisches Vorgehen und den gezielten Einbezug der Akteure. Die Publikation bietet konkrete Hilfestellung und Fallbeispiele.

2009, 220 Seiten
zahlr. Fotos und Grafiken
durchgehend farbig
Format 20 x 26.5 cm, engl. broschiert
ISBN 978-3-7281-3277-2

zone*imaginaire

Zwischennutzungen in Industriearealen

Marc Angst, Philipp Klaus, Tabea Michaelis, Rosmarie Müller, Stephan Müller, Richard Wolff (Hrsg.)

Weltweit werden ehemalige Industrieareale mit neuen, nicht definitiven Nutzungen – sogenannten Zwischennutzungen – belegt. Sie beleben die Areale und füllen mit ihren vielfältigen Aktivitäten die Räume. Das Projekt zone*imaginaire hat Dutzende solcher Areale in der Schweiz und im Ausland zum Thema gemacht und in sieben ehemaligen Industriearealen in Aarau, Winterthur und Zürich eingehende Untersuchungen durchgeführt.

Ein umfangreicher "Werkzeugkasten" am Ende des Buches liefert konkrete Instrumente und Anleitungen für die beteiligten Akteure.

vdf

vdf Hochschulverlag AG an der ETH Zürich, VOB D, Voltastrasse 24, CH-8092 Zürich
Tel. +41 (0)44 632 42 42, Fax +41 (0)44 632 12 32, verlag@vdf.ethz.ch, www.vdf.ethz.ch